D1733854

# LERNERLEBNIS
## ENTDECKEN - HANDELN - VERSTEHEN

# Ur- und Frühgeschichte

Erarbeitet von
Roswitha Tewes-Eck und Erich Dunkel

Best.-Nr. 024602 1

*Bildquellenverzeichnis*

aus: Au temps de la Préhistoire, Édition Artcom, Paris, Illustrationen von Stéphane Serre, © Artcom, 1997: S. 24, 33, 37; Hans Baumann, Die Höhlen der großen Jäger, Sonderausgabe Europäischer Buchklub, © Sigbert Mohn Verlag, Gütersloh 1961/Zeichnungen: Hans Peter Renner: S. 40, 41, 42 (o.r., l.(3), u.r.), 43 (M.r.); Fotodesign: Gerd Dollhopf, Amberg: S. 72, 83 (u.); © 1989, Dorling Kindersley Limited, London, entnommen aus: „Die ersten Menschen", 1989 Gerstenberg Verlag, Hildesheim: S. 9, 11 (3), 12 (u.); aus: Philippe Dupuis, Les jeux de la Préhistoire, Éditions de la Réunion de musées nationaux, Paris 2000/Zeichnungen: Jack Garnier: S. 35 (M.); Econ Verlag/Peter Conolly: S. 77; Hildegard Elsner, Die Germanen, Tessloff Verlag, Nürnberg 2000 (Illustrationen von Nikolai Smirnov und Frank Kliemt): S. 67, 74 (u.l.); Éditions Bordas, Pierre & Fils, Paris: S. 42 (o.l.), 43 (o.l., M.l.); © 2002 – Les Éditions Albert René/Goscinny – Uderzo: S. 75; aus: Ulrich Fischer, Aus Frankfurts Vorgeschichte, Verlag Waldemar Kramer, Frankfurt/M. 1971: S. 60 (o. (3)), 65 (o. 2. Abb. v. r.); Forschungsinstitut und Naturmuseum Senckenberg, Frankfurt/M.: S. 84 (o.); Götter und Helden der Bronzezeit. Europa im Zeitalter des Odysseus, Verlag Gerd Hatje, Nationalmuseum Kopenhagen/Kunst- und Ausstellungshalle der Bundesrepublik Deutschland, Bonn 1999 (Kit Weiss)/Verlagsarchiv Ferdinand Schöningh, Paderborn: S. 73; aus: Joachim Hahn, Erkennen und Bestimmen von Knochenartefakten, Institut für Urgeschichte, Tübingen 1991: S. 35 (3), 36 (17); Thea Haupt, Das Buch vom großen Strom, Ensslin Verlag, Reutlingen 1961: S. 39; M.-L. Inizan, Technology and Terminology of knapped stone, 1999: S. 35, 36 (H/B); Keltenmuseum Hochdorf, Eberdingen-Hochdorf/Enz: S. 81, 84 (u.); Norbert Kissel, Pohlheim: S. 25 (o., M.r., M.l.), 57, 59 (u.); aus: La chasse dans la Préhistoire, Die Jagd in der Urgeschichte, Editions du Cedarc, Treignes (Belgien) 1998/Illustrationen Sonja Souvenir: S. 31, 32, 52; aus: Jean-Laurent Monnier, La Préhistoire: Les hommes du Paléolitique, Editiones Ouest-France, Renne/Illustrations: Pierre Joubert: S. 30; S. J. de Laet, History of Humanity, vol. 1, New York 1994: S. 35 (o.), 36 (E); Landesdenkmalamt Baden-Württemberg: S. 82; Landesmuseum für Natur und Mensch, Oldenburg: S. 55; aus: Les hommes de la Préhistoire, © èditions Nathan, Paris 1998/Illustrationen Olivier Nadel: S. 44, 45, 46; Lornsen, ROKAL © 1987 by K. Thienemanns Verlag, Stuttgart – Wien: S. 26; Fiona Macdonald (Text), Illustration v. Mike White: Die Steinzeit-Nachrichten © 1998 by Fiona Macdonald (Text) and by Walker Books Ltd. (Illustrationen), © 2000 der deutschsprachigen Ausgabe by Kinderbuchverlag Luzern (Sauerländer AG), Aarau: S. 49; Mc Graw-Hill Book Company Ltd., Maidsenhead: S. 76; Museum für Vor- und Frühgeschichte, Berlin: S. 28; Musikverlag Bosworth, Frechen: S. 51; Natural History Museum, London: S. 8; Neanderthal Museum, Mettmann: S. 7, 10, 12 (o.), 13, 14, 18, 21, 83 (o.); Petersen, Palle: Anja erlebt die Bronzezeit, Finken Verlag, Oberursel, 1989: S. 65 (8), 69; Petersen, Palle: Florian erlebt die Eisenzeit, Finken Verlag, Oberursel, 1989: S. 79; © Burkhard Pfeifroth, Reutlingen: S. 56; aus: Ulrich Ruoff, Leben im Pfahlbau, Bauern der Stein- und Bronzezeit am Seeufer, Aare-Verlag, Solothurn 1991: S. 68; aus: Mario Ruspoli, Lascaux. Heiligtum der Eiszeit, Verlag Herder, Freiburg 1986: S. 20; Claudia Schnieper (Text), Udo Kruse-Schulz (Illustrationen): Auf den Spuren des Menschen © 1999 by Kinderbuchverlag Luzern (Sauerländer AG), Aarau: S. 53; aus: Shelley Tanaka/Laurie McGaw, Die Welt des Gletschermannes, Carlsen Verlag, Hamburg 1997: S. 62 (Jack McMaster), S. 63 (Laurie McGaw), S. 64 (Jack McMaster); weitere: Verlagsarchiv F. Schöningh, Paderborn.

Sollte trotz aller Bemühungen um korrekte Urheberangaben ein Irrtum unterlaufen sein, bitten wir darum, sich mit dem Verlag in Verbindung zu setzen, damit wir eventuell notwendige Korrekturen vornehmen können.

Lernbegleiter, Muschelkette (S. 48):          Sebastian Queren, Plettenberg

Für die wissenschaftliche Beratung und für die vielen wertvollen Hinweise bedanken wir uns herzlich bei:

*Frau Dr. Auffermann und Herrn Dr. Stodiek*          *Neanderthal Museum, Mettmann*
*sowie bei:*

*Herrn Dr. Winter*          *Forschungsinstitut und Naturmuseum Senckenberg, Frankfurt*

*Frau Dr. Schmidt-Herwig und Herrn Dr. Willms*          *Museum für Vor- und Frühgeschichte*
          *Archäologisches Museum, Frankfurt am Main*

*Herrn Dr. Bader*          *Keltenmuseum Hochdorf*

Umschlaggestaltung und Illustrationen: Veronika Wypior

Website
www.schoeningh.de

© 2001 Ferdinand Schöningh, Paderborn;
ab 2002 Schöningh Verlag im Westermann Schulbuchverlag GmbH,
Jühenplatz 1–3, D-33098 Paderborn

E-Mail
info@schoeningh.de

Druck: Media Print, Paderborn

Druck   5   4   3   2      Jahr   06   05   04   03   02

ISBN 3-14-024602-1

Dieses Werk folgt der reformierten Rechtschreibung und Zeichensetzung. Ausnahmen bilden Texte, bei denen künstlerische, philologische oder lizenzrechtliche Gründe einer Änderung entgegenstehen.

## Die Reihe

LERNERLEBNIS GESCHICHTE beschäftigt sich mit der Geschichte der Menschheit von den Anfängen bis zum Beginn der Neuzeit.

Damit deckt die Reihe, bestehend aus sechs Themenheften (*Ur- und Frühgeschichte, Ägypten – Hochkultur am Nil, Griechische Antike, Römische Antike, Mittelalter, Zeitalter der Erfindungen und Entdeckungen*), die Inhalte des Geschichtsunterrichts bis ungefähr zur Jahrgangsstufe 8 in der Sekundarstufe I ab.

LERNERLEBNIS GESCHICHTE versteht sich als Ergänzung zum jeweiligen an den Schulen benutzten Geschichtslehrbuch. Von der Konzeption her ist die Reihe damit lehrwerkunabhängig einsetzbar.

LERNERLEBNIS GESCHICHTE ersetzt keine Geschichtsbücher, weil es ganz bewusst nicht die traditionellen Inhalte wiederholt. In dieser Reihe geht es vielmehr darum, dass der Lernende sich mit den angebotenen Unterrichtsinhalten identifiziert, sich in die jeweilige Epoche hineinversetzen kann, das Spannende und Aufregende einer jeden Phase der Geschichte spürt und möglichst hautnah miterlebt.

LERNERLEBNIS GESCHICHTE präsentiert Geschichtsinhalte in einer Form, die eine unmittelbare unterrichtliche Umsetzung ohne aufwändige Vorbereitung erlaubt.

Die hier angebotenen Kopiervorlagen unterstützen die modernen Formen des Unterrichts, die sich durch Lehrpläne und Richtlinien legitimieren.

Die Einsatzmöglichkeiten des Materials sind dabei weit gespannt. Sie reichen vom eher spielerischen Einsatz über Freiarbeit, offenen Unterricht, Projektarbeiten und Handlungsorientierung bis hin zum variablen, lehrwerksbegleitenden Unterricht in der Sekundarstufe I.

## Das Themenheft

LERNERLEBNIS UR- UND FRÜHGESCHICHTE enthält Arbeitsmaterialien, mit denen die Schülerinnen und Schüler weit gehend selbstständig umgehen können.

Es wird aber auch Vorwissen vorausgesetzt, das im Geschichtsunterricht erworben wurde.

Viele der Texte, Bilder, Aufgaben und Spiele können direkt im LERNERLEBNIS bearbeitet werden. Manchmal benötigt man noch zusätzliche Materialien, die sich aber bestimmt in der Schulausrüstung der Schülerinnen und Schüler befinden.

Auch wenn das Themenheft nur auszugsweise genutzt wird, z.B. beim Einsatz ausgewählter Kopiervorlagen im Unterricht, empfiehlt sich das Anlegen einer Mappe (ein DIN-A4-Ordner oder Schnellhefter), in der alles gesammelt wird, was nicht direkt in das Themenheft eingetragen werden kann oder soll.

Nicht immer arbeiten Schülerinnen und Schüler allein. Manche Aufgaben und Spiele erfordern die Hilfe von Mitschülerinnen oder Mitschülern. Vermutlich wird Neues ohnehin viel lieber in der Gruppe als allein entdeckt! Durch das Inhaltsverzeichnis geben wir eine mögliche Reihenfolge der Bearbeitung vor. Eine andere Folge der Bearbeitung ist aber auch möglich, sodass auch einmal etwas übersprungen werden kann. So wird auch eine Beschäftigung mit den Themen möglich, die Schülerinnen und Schüler am meisten interessieren. Immer findet man leicht heraus, ob das Vorwissen reicht, damit Freude und Erfolg beim Lernen erhalten bleiben.

Hallo, ihr Ur- und Frühzeit-Begeisterten,
auf nahezu jeder Seite in diesem LERNERLEBNIS findet ihr die unten abgebildeten Lernbegleiter.
Wenn ihr ihnen begegnet, wisst ihr schon genau, dass Aufgaben auf euch warten.
Die Ur- und Frühgeschichte umfasst jedoch einen solch langen Zeitraum, dass Tiere, die es am Anfang gegeben hat, in späteren Zeiten bereits ausgestorben waren. Andere haben sich danach erst entwickelt.
So steht jedes Tier für eine ganz bestimmte Epoche.
Seht ihr sie zu zweit, so handelt es sich um eine Zusatzaufgabe für die besonders Fleißigen unter euch.

**Hier stellen sie sich euch vor:**

„Ich bin ein uralter Kaffernbüffel. Bevor die ersten Menschen auftauchten, habe ich mich schon an den Tümpeln und Seen in Afrika gesuhlt.
Ich habe viele interessante Dinge vom Beginn der Menschheit mitbekommen. Also aufgepasst!
Immer wenn ihr mich seht, handelt es sich um Aufgaben aus der **Urzeit**."

„Ich bin euer Mammut. Die Menschen haben mich wegen meiner Stärke und meiner mächtigen Stoßzähne gefürchtet, aber auch bewundert. Sie haben mein Bild auf Höhlenwände gemalt oder in den Stein geritzt.
Ich darf euch die Aufgaben zur **Altsteinzeit** stellen."

„Wir Schweinchen erlangten große Bedeutung, als die Menschen sesshaft wurden. Die ersten Bauern mussten unsere wilden Vorfahren erst einmal zähmen, bevor sie uns in ihren Dörfern halten konnten.
Ich stelle euch die Aufgaben aus der **Jungsteinzeit**."

„Ich bin ein typisches Wollschaf aus der **Bronzezeit.** Die Schafe lieferten den damaligen Menschen Nahrung und Kleidung. Wir sind genügsame und friedliche Tiere. Bei den Kindern waren wir als Spielkameraden beliebt. War das ein Spaß, mit ihnen auf den Wiesen herumzutollen. Euch wünsche ich viel Freude beim Lösen der Aufgaben aus dieser Zeitepoche."

„Für die Menschen der **Eisenzeit** war ein rassiges Pferd etwas ganz Besonderes. Ich zog elegante Reisewagen vornehmer Herrschaften und wurde wegen meiner Stärke und Ausdauer von den waghalsigsten Reitern geschätzt und geliebt. Pfeilschnell habe ich sie zu den gewünschten Zielen getragen.
Wenn ihr mich seht, geht es in vollem Galopp an die Aufgaben dieser Epoche."

*„Wir wünschen viel Freude mit dem*
*LERNERLEBNIS UR- UND FRÜHGESCHICHTE!!!"*

# Inhaltsverzeichnis

 # Die Entwicklung des Menschen

## ❑ Die faszinierende Entwicklungsgeschichte des Menschen

Über die Entwicklung des Menschen wirst du im **Lernerlebnis** viel Spannendes und Aufregendes erfahren. Dabei werden dir auch diese Frühmenschen begegnen.
Immer, wenn du etwas Neues über sie gelernt hast, dann schreibe unter die Bilder kurze Info-Texte.

| Vormensch „Australopithecus" | Homo habilis „geschickter Mensch" | Homo erectus „aufrecht gehender Mensch" |
|---|---|---|
| vor ca. 4,5 – 1,3 Mio. Jahren | vor ca. 2,5 – 1,5 Mio. Jahren | vor ca. 2 Mio. – 300.000 Jahren |
|  |  |  |

| Neandertaler (Name nach Fundort bei Düsseldorf) | Homo sapiens sapiens „Jetztzeitmensch" |
|---|---|
| vor ca. 200.000 – 30.000 Jahren | vor ca. 100.000 Jahren – heute |
|  |  |

# ☐ Noch Affe oder schon Mensch?

Äthiopien im Jahre 1976:
„43 Grad im Schatten. Don und ich schwitzen in unserem Jeep dermaßen, dass uns der Schweiß den Körper hinunterläuft. Mein Name ist Tom Gray und mein Beifahrer ist Don Johanson. Wir sind amerikanische Paläontologen[1].

Staub, Sand und Hitze gehören zu unserem Job, aber diese Temperaturen sind fast zu arg. Trotzdem lassen wir uns nicht aufhalten. Gerade eben passieren wir eine abgelegene Wüstenschlucht in der Nähe der Stadt Hadar in Ostafrika. Unser Auftrag lautet: Suche nach Fossilien. Die Hitze macht schläfrig. Einzig unser Kassettenrekorder hält uns munter. Unser Lieblingssong von den Beatles „Lucy in the sky with diamonds" dudelt pausenlos. Im Kampf gegen die Einöde schmettern wir die einzelnen Strophen lauthals mit. Plötzlich, seitlich von uns am Hang, Knochen im Sand. Sehen sie nicht aus wie Menschen-

knochen? Wir springen aufgeregt aus unserem Fahrzeug, graben, finden mehr und mehr Überreste – vermutlich mehrere Millionen Jahre alt. Schicht um Schicht tragen wir den Sand ab. Mal mit den Händen, mal mit feinen Pinseln. Selbst Zahnstocher setzen wir ein um nichts zu beschädigen. Schon jetzt ahnen wir, dass uns ein sensationeller Fund gelungen ist. Insgesamt entdecken wir rund 40% eines weiblichen Skeletts. Hitze und Staub sind vergessen. Wie die Kinder hüpfen wir um unsere Entdeckung herum. Tom stellt den Rekorder auf volle Lautstärke. Schweißnass umarmen wir uns und tanzen zu den Klängen unseres Lieblingssongs. Jetzt braucht unsere Entdeckung nur noch einen Namen. Na, das ist doch wohl klar! Wir haben unsere Lucy gefunden."

Die Forscher haben das Skelett von Lucy nach den Knochenfunden rekonstruiert (nachgebildet). So könnte sie ausgesehen haben:

> Als Australopithecus afarensis (Südaffe) wird Lucy von den Forschern bezeichnet.
>
> Lucy und ihre Artgenossen lebten vor ca. 4,5 bis 1,3 Millionen Jahren in Afrika.

Lucy war nur etwa 1,10 m groß und ihr Aussehen ähnelte dem der Affen. Ihr Gehirn war nicht größer als das eines Gorillas (ungefähr 420 cm³ Gehirnvolumen).

---
[1] Wissenschaftler, die sich mit der Erforschung urzeitlicher Lebewesen befassen

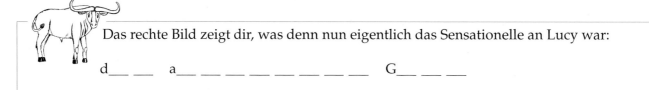

Das rechte Bild zeigt dir, was denn nun eigentlich das Sensationelle an Lucy war:

d__ __    a__ __ __ __ __ __ __    G__ __ __

Schreibe über diese sensationelle Entdeckung einen spannenden Artikel für die „Urzeit-Nachrichten".

# ☐ Lucy und ihre Welt

Wie lebte Lucy? Wovon ernährte sie sich? Wie sah die Landschaft aus, in der sie und ihre Artgenossen lebten?

Stellt euch einmal vor, ihr hättet ein „Urzeit-Fernrohr" und könntet mehr als drei Millionen Jahre in die Vergangenheit zurückblicken. Dann würdet ihr diese (nach Funden rekonstruierte) Szene in Afrika beobachten:

 Sieh dir das Bild genau an und beschreibe es.

# ☐ Der aufrechte Gang

Ein Lückentext beschreibt dir ein sensationelles Unterscheidungsmerkmal zwischen Mensch und Affe: den aufrechten Gang.

**Wörter, die eingesetzt werden müssen:**

Aufgaben, Beute, Feinde, Hände, Klimaveränderung, Körperteilen, Laufen, Raubtieren, Steppenlandschaft, Urwälder, Vierbeiner, Wurzeln, Zweibeiner

Durch eine _____ gingen die _____ mehr und mehr zurück. Eine

_____ mit hohem Gras, vielen Seen und nur wenigen Bäumen entstand.

Im Gegensatz zu den Affen passten sich Lucy und ihre Artgenossen der neuen Umgebung an. Als

_____ konnten sie über das hohe Gras

blicken und _____, aber auch Nahrung und

freundlich gesinnte Verwandte viel früher erkennen.

Die _____ wurden frei und konnten zu wichtigeren Dingen als zum Laufen verwendet werden, z.B. zum Ausgraben, Pflücken und Transportieren von Nahrung.

So entwickelten sich Beine und Arme zu

_____, die der Mensch zu völlig unterschiedlichen _____ einsetzen konnte.

In kleinen Gruppen streiften sie umher, sammelten Früchte,

Beeren, Pilze und gruben nach _____.

Sie selbst wurden häufig die _____ von gefährlichen _____. Durch den

aufrechten Gang konnten sie sich zwar mit Stöcken oder Steinen wehren, beim _____

waren ihnen allerdings die _____ haushoch überlegen.

Auch Lucy wird Aufregendes erlebt haben.
Schreibe einen Erlebnisbericht für die „Urzeit-Nachrichten". Thema: „Lucys gefährlichstes Abenteuer".

# ☐ Homo habilis – der geschickte Mensch

Homo habilis lebte vor 2,5 bis 1,5 Millionen Jahren in den Steppen Ostafrikas.

Warum er als „geschickt" bezeichnet wird?
Finde es selbst heraus, indem du die folgenden Abbildungen
auswertest.

Tipp: Vergleiche Homo habilis mit Lucy.

ca. 1,5m

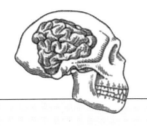

Gehirnvolumen: ca. 650–800 cm³

Schreibe einen Homo habilis-Steckbrief: Gehirnvolumen, Größe, Ernährung, Behausung, besondere Fähigkeiten, ...

# ☐ Homo erectus – der aufrecht gehende Mensch[1]

## Steckbrief:

| | |
|---|---|
| Lebte vor | ca. 2 Millionen bis 300.000 Jahren |
| Größe | bis 1,80 m |
| Gehirnvolumen | 800 bis 1.225 cm$^3$ |
| Verbreitung | Afrika, Asien, Europa |
| Ernährung | Pflanzen, Wurzeln, Samen, Fleisch von kleineren und größeren Beutetieren |
| Sprache | wahrscheinlich ja |
| Werkzeuge | Faustkeile aus Feuerstein mit zwei behauenen, scharfen Kanten, kleinere Werkzeuge aus den Abschlägen |

Hier siehst du eine nach Funden rekonstruierte Szene aus dem Leben der Homo erectus-Menschen. Beschreibe das Bild und ziehe Vergleiche zu Lucy und Homo habilis.

 Sicher ist dir aufgefallen, was zu den größten Errungenschaften des Homo erectus gehörte:
NUTDESERSDIEZUNGFEU

Ordne den Silbensalat und schreibe die richtige Lösung auf die Linien.

_____ _____ _____ _____ _____ _____ _____ _____ _____

---

[1] Diesen irreführenden Namen gaben ihm die Wissenschaftler zu einer Zeit, als die ebenfalls aufrecht gehenden Vorgänger des Homo erectus noch unbekannt waren.

Hätten die Urmenschen Sprache und Schrift gehabt, dann hätten sie das folgende Ereignis vielleicht so geschildert:

„Man nennt mich Alo. Was wird mir die Zukunft bringen?

Ich bin allein, friere, habe Hunger und Durst und fürchterliche Angst. Meine Sippe hat mich verstoßen, weil ich bei der Gazellenjagd alles vermasselt habe. Ich wollte den Helden spielen, sprang viel zu früh aus meinem Versteck. Die Gazellen flohen, noch ehe sie in unserer Falle waren.
Kein Fleisch, keine Nahrung, alles meine Schuld. Meine Stammesgenossen hungern.
Mich haben sie vertrieben.

Seit Tagen irre ich allein durch die Steppe. Keinem bin ich begegnet, vor mir ein riesiger Wald. Plötzlich fürchterliche Blitze und schreckliches Donnergrollen – wo finde ich Schutz?

Das Zucken der Blitze wird immer heftiger. Ich werfe mich auf den Boden, liege da und zittere. Es kracht, als würde die Erde gesprengt. Ich sehe, wie Blitze in die Bäume des Waldes vor mir einschlagen. Da, plötzlich: Einige Bäume brennen, immer größer wird das Feuer. Ich habe panische Angst.

Tiere stürzen aus dem Wald hervor. Sie sind so verschreckt und verängstigt, dass sie sich auf ihrer Flucht vor dem Feuer in eine Schlucht stürzen.

Endlich hat sich das Gewitter verzogen. Hunger treibt mich in die Schlucht. Ein Festessen! Tote Tiere, wohin ich schaue. Fleisch im Überfluss!
Noch nie war es so einfach und ohne Mühen, meinen Hunger zu stillen. Rundum satt sitze ich jetzt auf einem Felsen und denke nach: Feuer hat mir die Tiere zugetrieben. Wer das Feuer besitzt, hat die Macht über alles.
Soll ich vielleicht das Feuer selbst auch einmal ausprobieren? Was brennt? Holz!

Ein Holzstock muss her. So nähere ich mich dem immer noch glimmenden, teilweise brennenden Wald. Jetzt habe ich wieder Angst. Aber ich muss es einfach wagen. Werde ich verbrennen, wenn ich den Ast in die Glut halte?

Nur kurz, ganz kurz, werde ich es versuchen. Schweiß läuft über meinen ganzen Körper. Es ist aber nicht die Hitze, die vom Feuer ausgeht, es ist meine Aufregung. Mehrmals zucke ich zurück, bevor der Ast das kleine Flämmchen erreicht hat. Soll ich?

Der Ast brennt und ich halte ihn mutig am anderen Ende. Vor Freude hüpfe ich von einem Bein auf das andere, zünde mit meinem brennenden Ast andere Äste an, doch halt: Zu groß darf das Feuer nicht werden. Ich muss es eindämmen. Was brennt nicht? Steine!

Also schleppe ich Steine herbei, lege sie rund um das von mir entfachte Feuer, sodass es mir nicht entkommen kann. Ab und zu werfe ich wieder einen Ast nach. Das Feuer ist ganz nah bei mir. Ich kann es kleiner und größer werden lassen, so wie ich es will. Ich habe keine Furcht mehr vor dem Feuer. Es wärmt mich und bietet mir wahrscheinlich auch Schutz vor wilden Tieren. Sie haben Angst vor dem Feuer, das weiß ich.
Aber jetzt haben sie Angst vor mir, weil ich das Feuer besitze.

Mein Entschluss steht fest:
Ich werde zu meiner Sippe zurückkehren. Aber nicht als Alo, der immer alles vermasselt.

Ab heute bin ich Fumo, denn ich beherrsche das Feuer!"

Der Schlusssatz des Urmenschen ist vielleicht ein wenig übertrieben.

Der Mensch beherrschte das Feuer erst, als es ihm gelang, es selbst zu erzeugen und unter Kontrolle zu halten.

Fumo kehrt mit seiner sensationellen Entdeckung wieder zu seiner Sippe zurück.
Werden ihn seine Stammesgenossen wieder aufnehmen?
Was wird er berichten? Wie werden die anderen auf seine Entdeckung reagieren?
Das alles beschreibst du in einem Erlebnisbericht über Fumos Heimkehr.

# Der Faustkeil: ein Allround-Werkzeug

Über viele Tausende von Jahren gehörten Steine zu den wichtigsten „Entdeckungen" der Menschen. Mit Steinen wurden z.B. die Zelte befestigt und Feuerstellen umrandet.

Die „Steinzeit"-Menschen verwendeten natürlich auch noch andere Materialien, wie Holz, Knochen, Geweihteile, Felle und vieles mehr um ihr Leben zu meistern. Diese haben sich aber schlechter erhalten. Bearbeitete Steine dagegen sind bis heute in großer Anzahl erhalten geblieben.

Aus Steinen stellten die Frühmenschen Werkzeuge und ihre wichtigsten Waffen her. Hierzu verwendeten sie am häufigsten den Feuerstein (in Norddeutschland „Flint", in Süddeutschland „Hornstein" genannt).

Der Feuerstein eignet sich am besten zur Werkzeugherstellung, weil er besonders hart und spröde ist. Schlägt man mit dem Steinhammer (großer Kieselstein) Stücke vom Feuerstein ab, so entstehen besonders scharfe und gleichmäßige Kanten.

Außerdem springen beim Abschlagen messerscharfe Splitter („Abschläge") ab, die man ebenfalls als Werkzeuge benutzen kann. Zum Abschlagen feinerer Splitter dient ein Hammer aus Knochen oder Geweih.

Feuersteine könnt ihr auch heute noch finden, z.B. an der Ostsee. Erkennungsmerkmal: schwarz oder tief dunkelblau, glatt wie Glas, an einigen Stellen mit weißer „Rinde" umgeben. Einen tollen Effekt erzielt ihr übrigens, wenn ihr Feuersteine im Dunkeln aneinander schlagt.

Ausflugstipp:
Im Senckenberg-Museum in Frankfurt könnt ihr selbst Feuersteine bearbeiten (natürlich mit Schutzkleidung). Eure Abschläge lassen sich als Werkzeuge verwenden. Versucht euch einmal im Schälen und Kleinschneiden von Obst und Gemüse auf Steinzeitart.
In diesem Museum dürft ihr es ausprobieren.

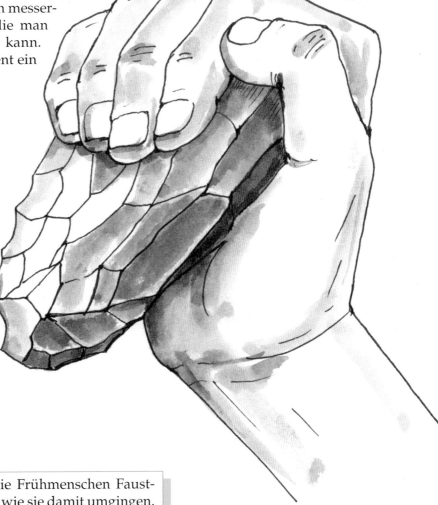

Der Faustkeil war das Allround-Werkzeug der Steinzeit. Mehr als 1,5 Millionen Jahre wurde er benutzt.
„Erfunden" haben ihn die Homo erectus-Menschen.

Überlegt euch, wozu die Frühmenschen Faustkeile benutzt haben und wie sie damit umgingen.

## ☐ Eisige Zeiten: Unser Lernerlebnis-Reporter berichtet

vereiste Gebiete

„Hallo, ich bin's, Ferdinand Flint, euer Lernerlebnis-Reporter.

Ins Neandertal[1] hat es mich verschlagen. Das war auch eigentlich meine Absicht, doch ich hätte mich besser auf diese Reise vorbereiten sollen.

Ja, ihr hört richtig. Ich bin im Neandertal. Aber natürlich war es keine gewöhnliche Reise. Ein fürchterlicher Fehler ist mir unterlaufen. Aber wer denkt denn schon an Mütze, Schal, Handschuhe, Winterstiefel und den Daunenanorak? Zu blöd, dass ich wirklich Wichtiges übersehen habe. Aber nun mal der Reihe nach.

Da sitze ich im Spätsommer bei angenehmen Temperaturen auf meiner Terrasse, bin mit T-Shirt, kur-

zer Hose und Sandalen genau richtig gekleidet und dann kommt mir dieser Gedanke mit der Zeitreise ins Neandertal vor ca. 50.000 Jahren. Ihr glaubt es nicht. Kaum gedacht, schon geschehen. Toll, werdet ihr sagen, so etwas müsste mir auch einmal passieren. Toll? Glaubt mal ja nicht, dass mich dieses Experiment begeistert!

Auch hier im Neandertal ist es jetzt Ende August, genau wie auf meiner Terrasse. Doch ich schlottere vor Kälte und meine Zähne klappern.

Zu dumm, ich habe einfach nicht an die Eiszeit gedacht. Im Hochsommer erreichen hier die Temperaturen gerade mal zehn Grad plus. Im Winter aber fallen sie auf bis zu 25 Grad minus.

Bereits jetzt, kurz vor Herbstbeginn, herrschen im Neandertal schon Temperaturen um den Gefrierpunkt und raue Winterstürme fegen um meine Eisbeine.

---

[1] Tal in der Nähe der heutigen Stadt Düsseldorf

Wie ich die um ihr dickes Fell beneide! Auch den zotteligen Rentieren, den Höhlenbären und Wollnashörnern geht es besser als mir in meiner kurzen Hose.

So interessant, wie das hier ist ..., lange halte ich das aber nicht mehr durch! Bevor ich gleich hier festfriere, laufe ich doch lieber noch mal ein Stück ins Tal hinab. Dabei wird mir bestimmt wärmer. Was ist das? Rauch? Feuer? Wärme! Nichts wie hin! Ich sehe Zelte, ein richtiges kleines Dorf. Menschen, die sich in ihrem Aussehen von mir kaum unterscheiden. Sie sind allerdings besser gekleidet als ich.

Hätte ich doch nur nicht die Sandalen angelassen. Schon jetzt weiß ich, dass diese Reise mit einer dicken Erkältung endet. Aber jetzt, da ich schon mal hier bin, kann ich euch doch meine Erlebnisse nicht vorenthalten. Dazu ist das, was ich sehe, zu faszinierend.

Zu Hause habe ich davon gelesen, dass sich zu dieser Zeit riesige Eisplatten von den Polen aus immer weiter in Richtung Süden geschoben haben. Manche von ihnen sollen bis zu drei Kilometer dick sein. Gut, dass diese Eispanzer noch nicht bis hierher vorgedrungen sind. Das wäre vermutlich ein gewaltiger Anblick. Aber auf den kann ich im Augenblick gut verzichten.

Ich schäme mich für meine kurze Hose, die Sandalen. Hätte ich doch nur meinen Daunenanorak dabei. Hoffentlich leiht mir jemand gleich einen der warmen Fellumhänge, mit denen alle hier bekleidet sind.
Was sind das für Menschen, die Eis, Schnee und Stürmen trotzen?
Ich finde es heraus! Hoffentlich sind sie friedlich und greifen mich nicht an!"

Schon weit vor den Eispanzern, da, wo ich mich jetzt befinde, ist der Boden in dieser Jahreszeit gefroren und taut nur im Sommer für eine kurze Zeit auf. Wälder gibt es hier nicht mehr. Ich sehe nur ein paar Zwergbäume, Sträucher, Gräser, Moose, Wurzeln und Pilze. Kein Wunder! Ich kann den Wald gut verstehen. Nix wie weg hier!

Zwischen Kältezeiten gab es aber auch immer wieder wärmere Zeiten. Leider muss ich wohl eine kalte Periode erwischt haben. Ob hier wohl Menschen leben? In der Ferne sehe ich wenigstens ein paar Tiere. Das sind aber nicht die Tiere, die ich sonst von meiner Terrasse aus beobachten kann. Es sind riesige Mammuts.

**1** Finde mithilfe deines Atlasses heraus, welche Länder und Regionen zur Zeit des Neandertalers vom Eis bedeckt waren.

**2** Werte die Reportage unseres Lernerlebnis-Reporters aus und fasse alle wichtigen Informationen über die Eiszeit zu einem kurzen Bericht zusammen.

Sammelt weitere Infos über die Eiszeit in Europa.
Zeichnet Bilder dazu und stellt eine Wandzeitung für den Klassenraum her.

# ☐ Ein wahrer Überlebenskünstler: der Neandertaler

*Bericht: Ferdinand Flint*

„Ich hatte doch versprochen, die Menschen vorzustellen, die ich auf meiner Zeitreise angetroffen habe. Glaubt aber ja nicht, dass sie alle in solch eisigen Zeiten gelebt haben. Ich habe mich schlau gemacht. Einige der Menschen, die wir heute als Neandertaler bezeichnen, haben in einer Zeit gelebt, in der die Temperaturen auf unserer Erde höher waren als jetzt. Wenn z.B. damals Flusspferde in der Themse gebadet haben, dann war es wahrscheinlich wärmer als im August auf meiner Terrasse. Hier seht ihr sie, die Neandertaler, die es immer wieder geschafft haben, sich an die jeweiligen Lebensbedingungen anzupassen."

Szene nach Funden rekonstruiert (Neanderthal-Museum bei Düsseldorf)

Die Neandertaler lebten vor etwa 200.000 bis 30.000 Jahren überall in Europa und sogar im Vorderen Orient.

Schädelknochen dieser frühen Menschen wurden in einer Höhle im Neandertal bei Düsseldorf gefunden. So entstand der Name „Neandertaler".

Die Neandertaler waren geschickte Werkzeugmacher und erfolgreiche Großwildjäger. Ihr Gehirnvolumen von bis zu 1.750 cm$^3$ war damit größer als unser heutiges.

Die Neandertaler wurden ca. 1,75 m groß.

Schreibe einen Neandertaler-Steckbrief über Aussehen, Kleidung, Behausung, Nahrung, Nahrungsbeschaffung, Waffen und Werkzeuge.

# ☐ Wie die Neandertaler ihr Essen zubereiteten

Fleisch in Hülle und Fülle!
Die Jäger sind mit reicher Beute ins Lager zurückgekehrt.
Die Jungen und Mädchen hatten Glück beim Fischfang.

Wie die Neandertaler ihr Essen zubereiteten, erfahrt ihr, wenn ihr die Bilder
in die richtige Reihenfolge bringt und die Texte entsprechend zuordnet.
Also kopieren, ausschneiden und aufkleben!

Sie entfachten auf den Steinen ein Feuer.

Die Neandertaler bauten ihren Herd aus flachen Steinen.

Auf die durch das Feuer erhitzten Steine legten sie kleine Fleischstücke und Fische um sie so zu braten.

Wenn die Steine heiß waren, fegten sie die Glut zur Seite.

# ❐ Bisons in Sicht!

*Hier unser Lernerlebnis-Reporter live aus dem Neandertal:*

„Die ganze Horde in Aufregung:
Thala hat eine große Herde Bisons gesichtet. Es gibt nichts Wichtigeres im Lager als Thalas Meldung. Frauen und Männer lassen alles stehen und liegen, greifen zu Speeren und entzünden Fackeln. Selbst Mädchen und Jungen laufen herbei, greifen sich in Windeseile alles, womit man Lärm erzeugen kann: Hölzer, Steine, ... und dann stürmt nahezu die gesamte Sippe mit einem ohrenbetäubenden Gekreisch aus dem Lager.

Ich weiß nicht recht, was ich davon halten soll. Soll ich bei den Alten und ganz Jungen zurückbleiben? Soll ich hinterher? Sicherer wäre das Erste. Ich bin nicht so mutig wie diese Neandertaler. Aber das Schlimmste, was einem Reporter passieren kann, ist doch nichts mitzubekommen. Also mit schlotternden Knien ihnen nach.

Thalas Vater ist der Anführer der Jagdgruppe. Wild schwenkt er seine Fackel, brüllt und kreischt. Die Bisonherde ist aufgeschreckt. Schnaubend traben sie in die Richtung, in die Neo sie treibt. Alle anderen folgen ihm dicht; ich mit großem Sicherheitsabstand. Sie treiben die Bisons auf eine Engstelle in einer Schlucht zu. Ich habe Neos Plan durchschaut. Hier haben die Jäger leichte Beute!

Und tatsächlich, es gelingt. Zwar können viele Tiere vorher fliehen, doch ein paar entkommen der Falle nicht. Neo hetzt noch immer einen gewaltigen Bullen. Ganz allein versucht er, ihn in den Hinterhalt zu locken. Doch was ist das? Der Bulle ...
Nein, nein! Ich kann es nicht mit ansehen. Nur weg hier.“

Was hat unseren Lernerlebnis-Reporter wohl so erschreckt?
Schreibe die Geschichte zu Ende.

# Ein Neandertaler wird bestattet

Thalas Vater Neo, der tapferste aller Jäger, ist tot. Ein in Panik geratenes Bison hat ihn umgerannt und niedergetrampelt.

Traurig tragen Frauen und Männer gemeinsam seine Leiche zur Begräbnisstätte und betten ihn auf Kiefernzweige.

Diejenigen, die Neo am besten gekannt haben, bemalen seinen Körper mit gelbbraunen Erdfarben und fesseln ihn nach altem Brauch.

Sie befürchten, die Toten könnten in die Welt der Lebenden zurückkehren und Unheil stiften. Seine Feuersteinwerkzeuge und Waffen gibt ihm seine treue Lebensgefährtin mit ins Grab. Viele weinen und streuen Wiesenblumen über den Toten.

Dann wird die Leiche Neos mit dem großen Schulterblatt eines Mammuts bedeckt. Durch diese Rituale wird der Verstorbene besonders geehrt.

Die Bestattungsrituale kennzeichnen einen neuen Schritt in der kulturellen Entwicklung der Menschheit. Hierzu findest du im Buchstabenrechteck fünf Schlüsselbegriffe, die auch im Text enthalten sind. Die Begriffe sind von links nach rechts und umgekehrt, aber auch diagonal zu lesen (ä = ae).

Die Neandertaler waren wohl die ersten Menschen, die für die Bestattung ihrer Toten sorgten. Ob sie wohl an ein Weiterleben nach dem Tod glaubten?

Durch seinen Totenkult unterscheidet sich der Neandertaler von allen Hominiden (Menschen oder menschenähnlichen Wesen), die vor ihm lebten.

| R | A | S | B | R | T | Z | U | J | K | L | O | P | U | D | S | W |
| D | I | G | B | N | M | K | G | G | H | S | S | R | Z | L | O | P |
| E | T | T | E | A | T | S | S | I | N | B | E | A | R | G | E | B |
| A | B | C | U | E | T | Z | I | P | S | A | B | G | M | N | T | W |
| B | E | S | T | A | T | T | U | N | G | E | R | T | U | Z | J | H |
| Q | E | T | F | T | L | U | K | N | E | T | O | T | F | G | L | X |
| W | A | G | N | E | B | E | L | R | E | T | I | E | W | T | R | I |

# Als der Funke übersprang

Ein kleines „Feuerteufelchen" hat aus der folgenden Geschichte 15 Begriffe herausfallen lassen. Setze sie zunächst richtig in den Text ein. Anschließend helfen dir die Leitbuchstaben, die Bilder am Ende des Textes richtig zu beschriften.

Dunkelheit (S), Feuerfunken (G), Feuerstätte (R), Feuersteine (Ä), Funkenflug (P), Gemütlichkeit (H), glimmen (F), Geschichten (R), Heu (E), Horde (U), Idee (E), Jagdgeschichten (O), Sippe (B), Stammesgenossen (G), Zauberstein (L)

So könnte es gewesen sein:

Wie jeden Abend saß die ganze _____ rund um das Lagerfeuer. _____ wurden erzählt. Man erinnerte sich daran, wie es früher war, als auf das Feuer noch aufgepasst werden musste, damit es ja nicht ausging. Damals war dies eine Katastrophe: keine Wärme, kein Licht, kein heißes Wasser, keine warme Suppe, nur rohes Fleisch und Gemüse, keine _____.

Vor lauter Frust konnte man sich nur noch wochenlang in seiner Hütte verkriechen.

Kein Wunder, dass an diesem Abend auch wieder die Geschichte von Zuno und Zuna erzählt wurde, wie sie zum ersten Mal ein Feuer selbst entfacht haben.

Die alte Mara kannte die _____ von früher am besten. Alle hörten ihr aufmerksam zu, als sie zu erzählen begann:

„Ihr alle kennt Zuno und seine Schwester Zuna. Den beiden und ihrer zündenden _____ verdanken wir es, dass wir heute so behaglich an unserer _____ lagern. Damals war alles anders. Wieder einmal hatte Regen das Feuer gelöscht. Wie an neues kommen? Mit viel Glück würde ein Gewitter in einen nahen Wald einschlagen und ihn entzünden. So hockten wir damals recht niedergeschlagen da in der _____.

Zuno und Zuna vertrieben sich die Zeit, indem sie immer wieder _____ in der Dunkelheit zusammenschlugen. Wie schön die _____ absprangen! Und dann der brenzlige Geruch, auch der erinnerte sie an Feuer. Ja, könnte man nicht …? Nein, noch niemals war es gelungen, mit diesen Funken ein Feuer zu entzünden. Auch die beiden hatten kein Glück. Sooft sie die Funken auch in trockenes Gras sprühen ließen, kein Funke sprang über. Doch Zuna wollte nicht aufgeben. Und wenn es Zaubersteine gibt? Im Mondlicht schleppte sie ihre ganze Steinsammlung herbei. Zuno streute _____ und getrocknete, zerriebene Baumpilze (später nannte man die leicht entzündbaren Baumpilze „Zunder"[1]) aus. Wie oft hatte er beobachtet, dass dieses Wunderpulver durch

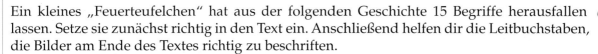

---
[1] Zunder wird aus einem Baumpilz gewonnen. Unter der Oberfläche befindet sich eine Schicht, die herausgetrennt und getrocknet wird. Dieser lederförmige Lappen ist leicht entzündbar. Er brennt aber eben nicht „wie Zunder", sondern glimmt nur.

_____ in der Nähe eines Lagerfeuers ganz schnell zu glimmen begann und dann im Nu auch trockenes Heu entflammte.

Doch wie viele Steine die beiden auch aneinander schlugen, es wollte einfach kein Funke überspringen und den Baumpilz zum Glimmen bringen. Fast schon hätten sie aufgegeben. Doch da – plötzlich – große, heiße Funken! Was für ein Sprühfeuer dieser Stein auslöste! Und tatsächlich, der Baumpilz fing an zu _____! Zuno und Zuna sprangen vor Aufregung auf. Sie tanzten vor Freude. Jetzt schnell trockenes Gras drüber und trockene Zweige.

Ja, ja! Feuer! Geschafft! – Also gab es ihn doch, den

_____[2]!

Es war aber auch einer der schönsten Steine in Zunas

---

[2]  Wahrscheinlich war dieser Zauberstein ein Pyrit- oder Markasitstein. Pyrit wird volkstümlich auch „Katzengold" genannt. Beim Zusammenschlagen mit Feuersteinen entstehen Funken, die Feuer entfachen können.

Steinsammlung. Wie toll er im Schein des Mondes schimmerte!

Stellt euch vor, was am nächsten Tag am Lagerplatz los war, als Zuna und Zuno ihre Entdeckung vorführten.

Aber nachdem die zwei für die _____ ein großes, Wärme spendendes Feuer entfacht hatten, waren sie plötzlich ganz allein am Feuer. Von überall her hörten sie, wie die _____ alle Steine zusammenschlugen, die sie besaßen.

Doch keinem von ihnen gelang es. Damals besaßen nur Zuna und Zuno diesen geheimnisvollen Zauberstein."

Die Bilder zeigen dir weitere Techniken um ein Feuer zu entfachen.
Reihe die Leitbuchstaben richtig aneinander. Die Lösungswörter, die du erhältst, verraten dir mehr darüber.

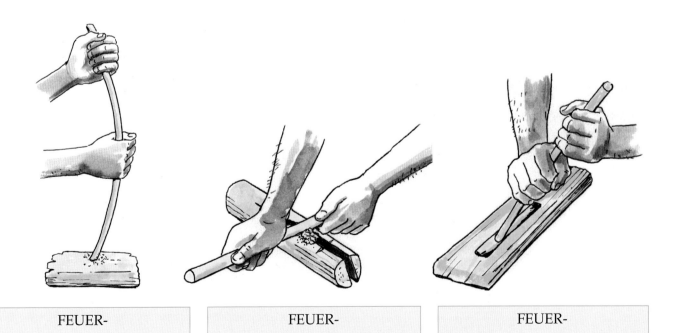

| FEUER- | FEUER- | FEUER- |
| --- | --- | --- |
| \_ \_ \_ \_ \_ | \_ \_ \_ \_ | \_ \_ \_ \_ \_ |

# Der „moderne" Mensch

## ☐ A star is born: Homo sapiens sapiens – der Superschlaue

Seit mehr als 40.000 Jahren bevölkert Homo sapiens sapiens („der ganz besonders schlaue Mensch") Europa. In ihrem Aussehen (Schädelform, Gehirnvolumen, Körperbau, Größe, …) unterschieden sich diese Menschen nicht von den heutigen.

 Male das Bild farbig aus und beschreibe die dargestellte Szene.

# Urzeitliche Lagerstätten

Schon die Urmenschen haben es sich an ihren Lagerstätten so gemütlich gemacht, wie sie eben konnten. Du erfährst mehr über ihre Behausungen, wenn du die Texte liest und die Bilder aufmerksam betrachtest. Dann kannst du auch die Lücken mit folgenden Begriffen füllen: Baumstämme, Feuers, Höhlen, Hütten, Jäger, Kälte, Lagerplatz, Mammuts, Nomaden, Schutz, Steinen, Tierfelle, Transport, Waffen, Wind, Zeltstangen.

Die ersten menschlichen Behausungen waren vermutlich _____, für die man einfach Zweige und Astwerk zusammensteckte. Je mehr Blattwerk das Gestrüpp hatte, umso besser war der _____. Unten wurde die Hütte gegen den _____ mit _____ befestigt.

Als die Menschen gelernt hatten mit _____ und mithilfe des _____ die wilden Tiere aus den _____ zu vertreiben, hatten sie ein „festes Dach" über dem Kopf. Die erbeuteten _____ wurden über die Baumstützen gespannt und boten Schutz vor Regen und _____.

Oft waren die urzeitlichen _____ und ihre Sippen gezwungen, den Tieren hinterherzuziehen, um sich ernähren zu können. Die wandernden Jagdvölker nennt man _____. Die Zelte mussten leicht auf- und abbaubar sein. _____ wurden kegelförmig zusammengestellt, oben verbunden und mit Tierfellen behängt. Sie waren bestens geeignet für den _____ zum nächsten Lagerplatz.

Neue Techniken ermöglichten eine erfolgreichere Jagd auf Tiere. So konnte man länger an einem _____ verweilen, weil die Nahrungsversorgung gesichert war. Jetzt war man sogar den starken _____ gewachsen. Schon ein erlegtes Tier ernährte die Sippe wochenlang. Im Boden vergrabene Mammutschädel mit nach oben gerichteten Stoßzähnen dienten in Osteuropa als _____, die mit Mammutfellen bedeckt wurden.

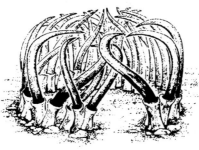

# ❑ Der rotbraune Riese

Zum Weitererzählen oder Weiterlesen:

„Der alte Mammutbulle war das gewaltigste Tier unter den Riesen.

Sein haariger Rüssel hing bis auf den Boden. Von der Schädelkuppe bis zu seiner Schwanzquaste fiel der Rücken schräg ab. Die Stoßzähne wuchsen unter der Oberlippe hervor und waren so dick wie der Körper eines Menschen. Weiß und glänzend ragten sie im Schwung nach unten, krümmten sich dann nach oben und schlossen sich fast zum Kreis. Wohl drei Menschenlängen maßen sie von der Wurzel bis zur eingebogenen Spitze. Das waren mächtige Werkzeuge und Waffen. Mit ihnen konnte das Mammut den hart gefrorenen Schnee aufbrechen und wegschieben, um an die schmackhaften Pflanzen darunter zu gelangen.

Der alte Mammutbulle hatte keine Feinde unter den Tieren. Ein Berglöwe wagte sich nur an kranke oder junge Tiere. Und auch das geschah selten, denn die Mammutkühe schützten wachsam und mutig ihre Jungen. Dennoch wurden die Herden im Verlauf langer Zeiten immer seltener. So wie sich das Eis zurückzog, so zogen sich auch die Mammute in die nordöstlichen Kältesteppen zurück.

‚Er kommt!', flüsterte Elgor. Der riesenhafte Bulle schob sich durch die Enge, blieb eine Weile stehen, um sich an der Steinwand die Seite zu scheuern, und trottete weiter. Die Jäger hielten den Atem an, als der mächtige Rücken nahe unter ihnen vorbeiglitt. Und erst, als sich das Mammut zwei Speerwurfweiten in Richtung zum See entfernt hatte, wagten sie wieder zu sprechen."[1]

---

[1] Diese Geschichte findest du auf den Seiten 79ff. des Buches von Dirk Lornsen: Rokal, der Steinzeitjäger, Thienemann Verlag, Stuttgart/Wien/Bern 1987.

 Ob die Jäger es schafften, den rotbraunen Riesen zu erlegen?

# ☐ Mammuta und die Mammutjagd

Im Lager nennt man sie nur Mammuta. Der ganze Stamm ist stolz auf sie.

Ihr Name ist so etwas wie ihr Markenzeichen. Mammuta, die große Mammutjägerin.

Heute hatten sie alle großes Jagdglück. Sie haben einen Mammutbullen erlegt. Mammuta hat wieder einmal viel Mut und Geschick bewiesen. Zusammen mit den anderen Jägerinnen und Jägern sitzt sie an diesem Abend am Lagerfeuer. Die Erschöpfung lässt sich niemand anmerken.

War das ein Abenteuer!

So ein Bulle wiegt einige Tonnen, das dröhnende Trampeln seiner Hufe klingt wie ein Erdbeben. Auch die Verwegensten können ihre Angst in einem solchen Kampf nicht völlig überwinden. Umso ausgelassener ist heute die Stimmung. Alles ist gut gegangen, keine Toten oder schwer Verletzten sind zu beklagen.

So schwirren an diesem Abend die Stimmen freudig erregt durcheinander.

„Lange haben wir günstige Stellen ausgekundschaftet, an denen die Herde sich sammelt!"

„Dann sind wir alle lärmend, schreiend und kreischend aus unseren Verstecken hervorgesprungen und mutig auf die Kolosse zugerannt."

„Als sie wild auseinander stoben, hat Mammuta den größten Bullen mit Speeren und Steinen genau auf die Schlucht zugetrieben."

„Und dann ihre Idee, mit den Fackeln die Steppe in Brand zu setzen, damit der Mammutbulle in keine andere Richtung entkommen konnte."

„Sie hat alles im Voraus geplant. Einigen von uns hat sie gesagt, dass sie sich in der engen Schlucht hinter Felsen verbergen sollen."

„Genau in diese Falle ist das Mammut getappt."

„So eingekesselt war es eine leichte Beute für unsere Speere!"

„Ich hatte selbst hinter dem schützenden Felsen Angst!"

„Ich hab es erst gar nicht geschafft, den Bullen aus meinem Versteck heraus mit meinem Speer zu treffen."

„Ich hab ihm mit meinem Speer den Todesstoß versetzt!"

„Wir haben alle gut getroffen, aber den Todesstoß hat ihm Mammuta verpasst, die von hinten angestürmt kam. Ihr Speer steckt noch. Ich zeig ihn dir morgen."

Mammuta sagte nur: „Schön, dass wir es gesund überstanden haben. Damit ist für den gesamten Winter vorgesorgt. Jeder von uns hat seine Aufgabe gut gemacht. Ich bin jetzt fix und fertig." Die anderen stimmten ihr zu und alle begaben sich zu ihren Zelten.

Morgen werden sie das Mammut zerlegen. Aber jetzt ist erst einmal Zeit zum Ausruhen.

Die Jägerinnen und Jäger berichteten von einer Treibjagd auf Mammuts, die in einer engen Schlucht ohne Ausweg endete.

Du bist von den Schilderungen fasziniert.
Schreibe für die „Urzeit-Nachrichten" einen packenden Sensationsartikel, wie Mammuta und ihre Sippe das aufregende Jagdabenteuer bestanden haben.

Erstellt in kleinen Gruppen spannende Hörspiele zum Thema: Mammutjagd.

# ☐ Nach erfolgreicher Jagd: Ein Mammut wird zerlegt

Jagdglück!
Im Lager herrscht Freude. Ein Mammut ist erlegt. Doch noch ist die Arbeit nicht getan. Fast alles können die Steinzeitmenschen von diesem Ungetüm verwenden.
Nur wofür?

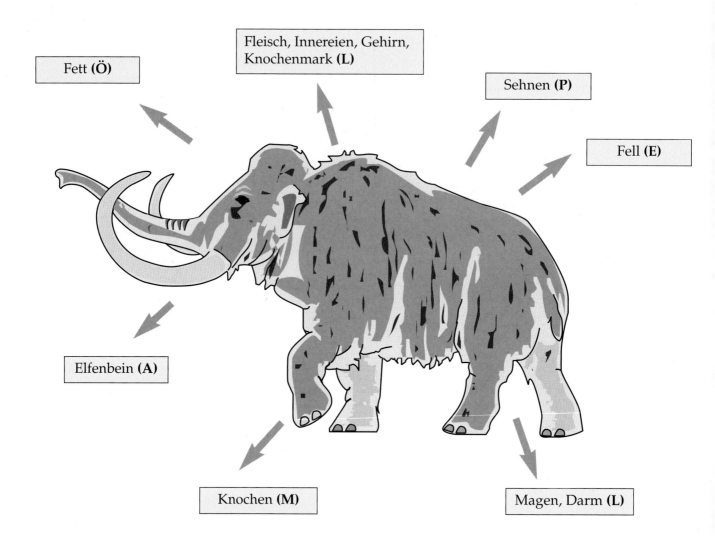

Fett (Ö)

Fleisch, Innereien, Gehirn, Knochenmark (L)

Sehnen (P)

Fell (E)

Elfenbein (A)

Knochen (M)

Magen, Darm (L)

 Wenn du den begeisterten Ausrufen der Stammesgenossen die verwertbaren Teile des Mammuts richtig zuordnest, dann ergibt sich ein Lösungswort. Damit ersetzt du auch die Lücke in der ersten Antwort.

1. „Tran für meine _____ und eine wichtige Ergänzung der Nahrung!"
2. „In diesem Winter muss niemand von uns mehr hungern!"
3. „Wenn sie aufgeblasen und getrocknet sind, fertige ich für den ganzen Stamm daraus Behälter!"
4. „Unverzichtbar für die Anfertigung von Waffen und Schmuck. Und außerdem haben wir Baumaterial für die Hütten!"
5. „Daraus fertige ich nützliche Werkzeuge. Aus besonderen Stücken wird man auch Waffen herstellen können!"
6. „Ich werde bis zum Sommer mit der Herstellung von Nähgarn und Schnüren beschäftigt sein!"
7. „Es wird an nichts mangeln: Kleidung, Schuhe, Lederriemen, Zelte und Decken für den ganzen Stamm!"

___ ___ ___ ___ ___ ___ ___
1   2   3   4   5   6   7

# ❑ Tolle Erfindung: die Nähnadel

Um 16.000 v. Chr. gab es die ersten Nadeln mit Öhr: eine uralte Erfindung, doch auch heute noch aktuell. Als Nähfaden benutzten die damaligen Frauen und Männer dünne Lederstreifen, getrocknete Därme und Sehnen, die sie in ihrem Mund geschmeidig machten.
Und so wurde eine Nadel hergestellt:

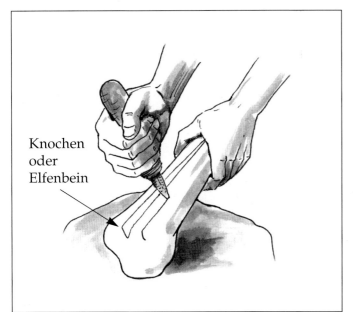

Knochen oder Elfenbein

Knochensplitter

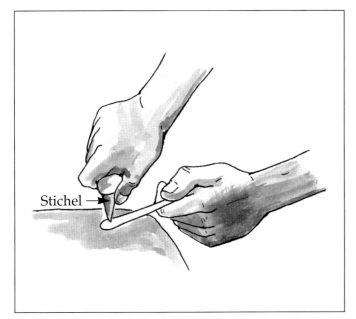

Stichel

Sandstein mit Rillen (zum Glattpolieren)

Beschreibe die einzelnen Herstellungsschritte.

Die Erfindung der Nadel brachte viele Neuerungen für das tägliche Leben mit sich. Leider sind die Infosätze darüber auf der nächsten Seite durcheinander geraten und müssen wieder richtig „zusammengenäht" werden.

Das Lösungswort verrät dir, wer heute noch Kajaks aus zusammengenähten Fellen verwendet:

der __ __ __ __ __ __ .
    1  2  3  4  5  6

Nach der Erfindung der Nadel kann Kleidung ... **(1)**

Wenn man mehrere zusammengenähte Felle über ein Gerüst aus Holz oder Knochen spannt, kann dieses ... **(2)**

Mit Luft gefüllte Lederbeutel können jetzt ... **(3)**

Auf Wanderungen können jetzt Lederbeutel ... **(4)**

Ganz neue Kleidungsstücke können jetzt ... **(5)**

Wenn man glühend heiße Steine in einen mit Wasser gefüllten Lederbeutel wirft, können diese ... **(6)**

... das Wasser zum Kochen bringen. **(O)**

... als Vorratsbehälter für Trinkwasser mitgenommen werden. **(I)**

... aus mehreren ausgeschnittenen Fellstücken zusammengenäht werden. **(E)**

... hergestellt werden, wie z.B. der Anorak mit Kapuze. **(M)**

... als Schwimmhilfe verwendet werden. **(K)**

... dazu dienen, einen Kajak zu bauen. **(S)**

# ☐ Aikos neue Speerschleuder

Aiko und sein Vater beobachten den Kampf zweier rivalisierender Steinböcke. Plötzlich hat Aiko eine Idee. Wäre diese Szene nicht eine tolle Verzierung für seine allererste Speerschleuder?

Ob der Vater Aikos Idee aufgreift, erfährst du, wenn du dir die Bilder genau ansiehst. Male sie farbig aus und schreibe eine Geschichte dazu.

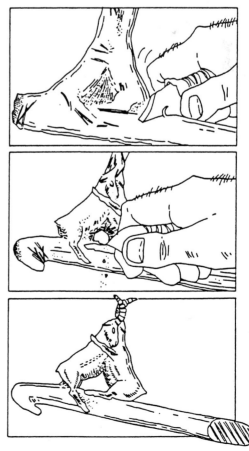

# ❑ Mit der Speerschleuder auf Jagd

Die Speerschleuder war die erste Fernwaffe der Menschen mit größerer Reichweite. Sie war zielgenau bis zu ca. 30 Metern. Wie die Steinzeitjäger diese Waffe verwendet haben und welche Tiere damit gejagt wurden, zeigt dir dieses Bild.

Male das Bild farbig aus und beschreibe die Jagdszene.

Fehler über Fehler haben sich in diesen Text eingeschlichen. Und immer wieder die gleiche Fehlerart. Buchstaben sind einfach vergessen worden. Insgesamt 47.
Wie konnte das nur passieren? Hilfst du bei der Korrektur, erhältst du das Lösungswort. Trage dazu einfach die im Text fehlenden Buchstaben der Reihe nach unten ein.

„Kein wilder ☐olf würde so etwas tun! Wolli ist eben anders. Er leckt mir die nackten Beine und gehorcht aufs Wort. Ihr hättet meinen Vater erleben sollen, als ich damals mit ihm im Lager auftauchte. Ich werde nie vergessen, wie er ihn mit Steinen in die Flucht geschlagen hat.
Wie der Blitz bin ich hinter Wolli hergerannt, habe ihn wieder eingefangen, erst einmal beruhigt und dann in der Nähe des Lagers versteckt. Dann bin ich zu Vater geschlichen. Es war nicht leicht, überhaupt mit ihm zu reden. Schließlich h☐rte er mir zu. Ich erzählte, wie ich den von seiner Sippe verlassenen Wolfswe☐pen in einer Schlucht ge☐unden hatte. Er war verletzt. Ich berichtete auch, dass ich ihm von meinen Vorräten zu ☐ssen gab, ihn streichelte und gesundpflegte.

Scheinbar mus☐ er mich für seine Wolfsmutter gehalten haben. Der Funke zw☐schen uns sprang sofort über. Bei Vater spra☐g der Funke nicht sofort über. Zu groß war seine Furcht vor Wölfen. Er hielt mir sogar vor, dass Wolli, wenn er ☐enn im Lager wäre, andere Wölfe anlockte. Ich re☐ete und redete. Schließlich gab Vater nach. N☐cht jedoch, ohne eine deutliche Warnung auszusprechen. Beim ☐rsten Ungehorsam des Tieres würde er es eigenhändig erschlagen. Das Herz rutschte mir bei seinen Worten in die Hose und doch wollte ich es auf einen ☐ersuch

ank☐mmen lassen. Wolli wü☐de mich schon nicht enttäuschen.

Ich holte ihn aus seinem Versteck und so☐ort war er der St☐r in unserem Lager; natürlich nur bei uns Kindern, die Erwachsenen blieben skeptisch.

Wolli entwickelte sich als ein Vorzeigeexemplar in Sac☐en Zuverlässigkeit. Uns Kinder betrachtet er als seine große Familie. Er ist absolut zahm. Jetzt habe ich ihn schon seit zwei Jah☐en. Immer noch gehorcht ☐r meinem Pfiff. Selbst Überfälle von Wölfen auf unser Lager sind eher selte☐er geworden.

Vater hat mich a☐f Wolli bis heute ☐ie wieder ange☐prochen. Ein kl☐iner Erfolg?
Doch heute ist für Wolli und mich unser absolute☐ Glückstag. Vater kommt zu mir, einig☐ Männe☐ des Stammes begleiten ihn. Sie wollen wissen, wie ich das sc☐eue Tier erl☐gt habe, dem die Jäger ☐nserer Sippe schon lange auflauern. Ste☐s ohne Erfolg.

Auch ich hätte nicht das Ger☐ngste bemerkt, wenn nicht Wolli gewesen wäre. Er spürte es im Dickicht auf und trieb es genau in meine Richtun☐. Der Rest war eine Kl☐inigkeit. Boge☐ spannen, schießen … – Wolli war sofort wieder an meiner Seite. Zärtlich leckte er meine ☐ände. Diese Jagdgeschichte muss ich immer wieder erzählen. Die Erwachsenen können gar nicht gen☐g bekommen. Ma☐ schlägt mir auf die Schulter, Wolli bekommt Leckerchen von allen Seiten. Unsere Jäger haben heute eines begriffen: Wölfe sind ein ungeheurer Vorteil bei der Jag☐.

Wolli sollte nicht der ☐inzige Wolfswelpe in unse☐em Lager bleiben. V☐ter war der Er☐te, der sich einen einfing. Auch er kam in „meine Schule". Aber Wolli ist mir immer der treu☐te Gefährt☐ gebliebe☐."

# ☐ Jagdglück

Die Jagd war für die Menschen der Altsteinzeit lebenswichtig. Fleisch war eine wichtige Nahrungsquelle und ohne warme Felle und Lederkleidung wären sie erfroren.

Dieser Hirsch wurde von vier Pfeilen getroffen. Betrachte die Pfeilspitzen genau und finde sie unter all den anderen auf der nächsten Seite heraus. Schreibe die entsprechenden Buchstaben dazu. Aber halt! Unter die Pfeilspitzen sind auch noch diese drei Feuersteinwerkzeuge geraten: Messer, Stichel, Bohrer.

Deine Aufgabe ist es, die richtigen Pfeilspitzen und die Feuersteinwerkzeuge zu finden. Beschrifte die Werkzeuge mit ihren Namen.

Bringe die sieben dazugehörenden Buchstaben in die richtige Reihenfolge. Das Lösungswort verrät dir den Namen der hier abgebildeten Waffe, die aus Knochen oder Geweihteilen hergestellt wurde:

— — — — — — —

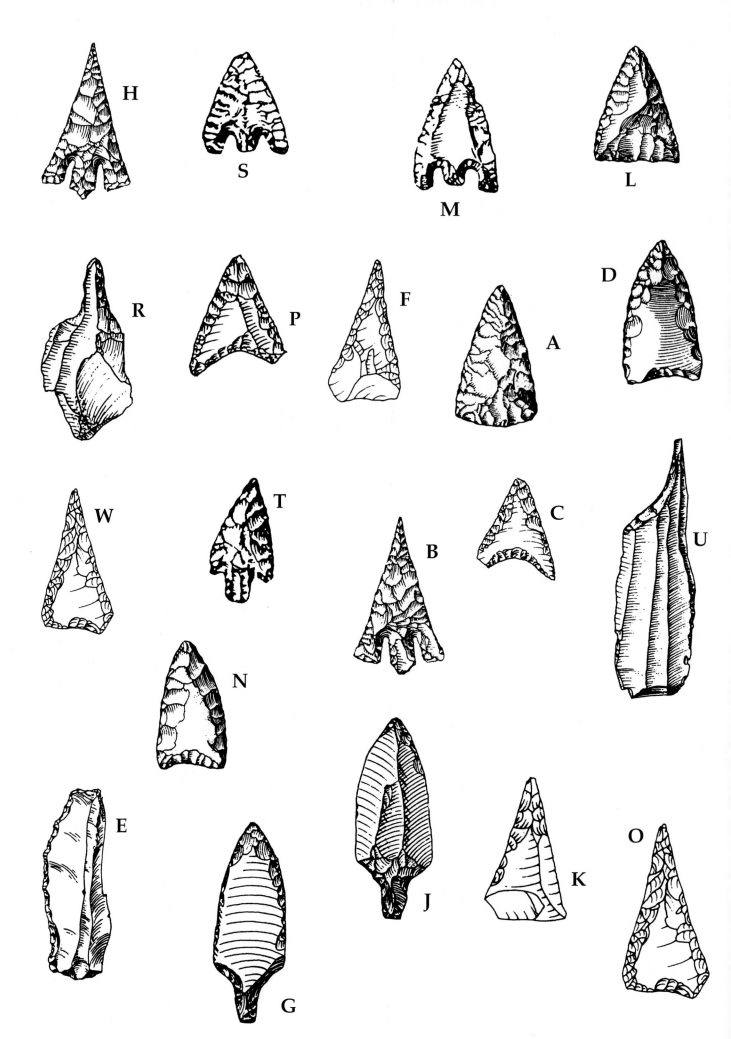

# Die ersten Künstler

Schon vor 30.000 Jahren entstanden die ersten Kunst-werke. Auf die Wände von Höhlen malten und ritz-ten Menschen Bilder von unglaublicher Schönheit und Ausdruckskraft.

Male das Bild farbig aus und be-schreibe die dargestellte Szene.

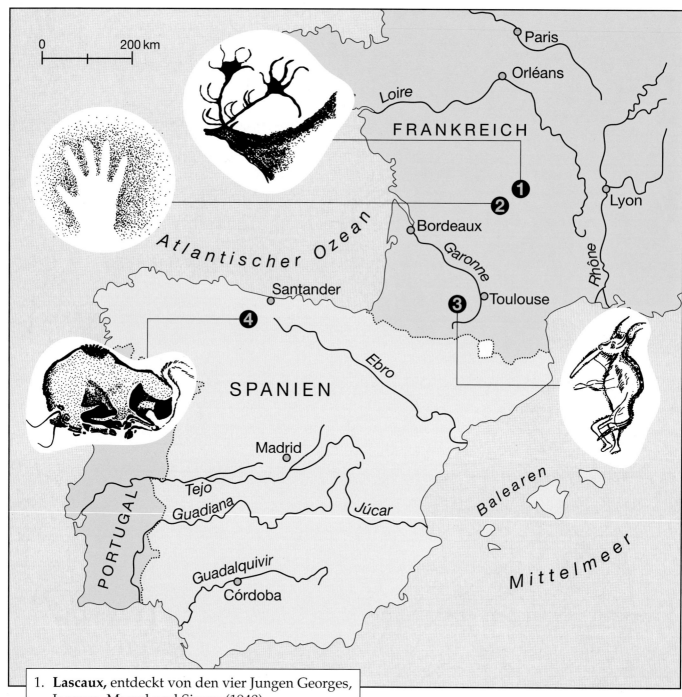

1. **Lascaux,** entdeckt von den vier Jungen Georges, Jacques, Marcel und Simon (1940)
2. **Pech-Merle,** entdeckt von dem Jungen David aus Cabrerets, der sich nach vielen Versuchen bis in die Räume mit den Bildern durchzwängte (1920)
3. **Trois Frères,** entdeckt von den drei Söhnen des Grafen Bégouën (1914)
4. **Altamira,** entdeckt von Maria de Sautuola (1879)

Diese Höhlen mit besonders schönen Wandmalereien wurden von Mädchen und Jungen entdeckt.
Ausflugstipp:
Bestimmt haben einige von euch – vielleicht im Urlaub – einmal die Gelegenheit eine dieser Höhlen zu besichtigen.

 Aber wo liegen diese Höhlen und wie findet man sie? Nimm deinen Atlas zur Hand und verfasse einen Wegweiser unter dem Titel: „Zu den schönsten Höhlen Frankreichs und Spaniens".

# ☐ Wie die schönsten Höhlenbilder entdeckt wurden

Auf welche Weise drei der Höhlen mit den schönsten Wandmalereien gefunden wurden, erzählen euch die kleinen Entdecker selbst.
Die drei Geschichten sind allerdings völlig durcheinander geraten.
Hast du die Abschnitte in die richtige Reihenfolge gebracht, verraten dir die Leitbuchstaben die Namen dieser berühmten Höhlen.

Wenn du aufmerksam liest, dann wird es dir auch nicht schwer fallen, die Bilder den einzelnen Höhlen zuzuordnen. Klebe die Textabschnitte in der richtigen Reihenfolge mit den dazugehörigen Höhlenbildern (Kopie!) in deine Mappe. Gib den drei Geschichten passende Überschriften.

Als wir ankommen, spüren wir sofort den Luftzug, der aus der Erde strömt. Alle Müdigkeit ist verschwunden. Wir erweitern das Loch mit unseren bloßen Händen. Vater bleibt als Wächter zurück, während wir uns in die Tiefe tasten.

Doch was sehen wir im Schein unserer Lampen an den Wänden und Decken der Höhle: Pferde, Kühe, Hirsche, ganze Herden. Da ist noch ein Tier: Vorderbeine fehlen, aber alles andere ist da und auf der Nase zwei riesige Hörner. So ein Tier hier in Frankreich? Höchstens im Zoo! Und dann etwas, das uns am meisten beeindruckt: eine Menschengestalt! Über ihr ein großes Tier, durch einen Speer verwundet. Daneben sehen wir einen Vogel auf einer Stange.

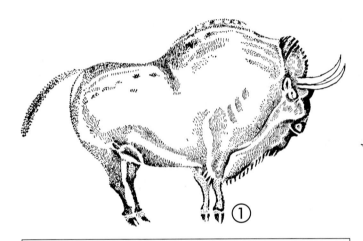

①

Mein Vater ist der Schlossherr Don Marcelino. Wir besitzen einen Jagdhund, mit dem ich oft herumtolle. Ob ihr es glaubt oder nicht: Eines Tages verschwand er mitten auf unserer Wiese. Vater war ganz schön sauer und machte mir Vorwürfe. Doch jetzt haltet euch fest. Bei der Suche nach seinem Hund entdeckte Vater, dass unter unserer Wiese eine riesige Höhle lag. Für mich war das eine Sensation. Für Vater offensichtlich nicht. Ihm war nur wichtig, dass er seinen Jagdhund wiederhatte, die Höhle interessierte ihn nicht. Und mir verbot er, sie zu betreten. So kümmerte sich zunächst niemand um die Entdeckung.
Erst neun Jahre später interessierte sich Vater für die Höhle.
Oft stieg er hinab und kam eines Tages tatsächlich mit Steinwerkzeugen und Knochenresten nach Hause, die nicht aus unserer Zeit stammen konnten. Das war im November 1879.

②

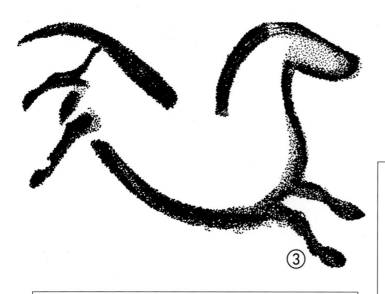

③

Ich erinnere mich noch ganz genau. Es war der 12. September 1940, an dem wir, wie jeden Nachmittag, auf unserem Waldhügel spielten. Mein Name ist übrigens Simon. Zusammen mit meinen Freunden Marcel, Georges und Jacques stapfen wir an diesem Tag durch unseren Eichenwald. Allen voran, wie immer, Robot, mein treuer Hund, der mir aufs Wort folgt.

Nach und nach entdeckten wir immer mehr Bilder. Viele von ihnen sind schon sehr verblasst, aber man kann die Tiere trotzdem deutlich erkennen. Vater ist es schier unbegreiflich, dass er schon so oft in der Höhle gewesen ist und nichts bemerkt hatte.

Ein Professor, den mein Vater später hinzuzog, wirkte genauso unbeweglich und gebannt wie ich, als er zum ersten Mal „meinen" Bison sah. Nach und nach wurden immer mehr Zeichnungen entdeckt, die mit einem Stichel in die Höhlenwände geritzt worden waren. Der Professor untersuchte auch die Decken. Über und über sind sie mit Tierbildern bedeckt. Zum Teil übereinander gemalt. Ein Wildpferd im Galopp, Hirschkühe und Bisons, immer wieder Bisons. Aber für mich gibt es keinen Zweifel: Das Bild, das ich als Erste entdeckt habe, bleibt für mich das schönste und ergreifendste.

Ich heiße Louis und bin der jüngste Sohn des Grafen Bégouën. Max und Jacques sind meine Brüder. Vater unternimmt immer große Wanderungen mit uns. Aber jetzt sind wir so geschafft, dass wir kein Bein mehr vor das andere bekommen. Es ist ein heißer Tag heute, am 20. Juli 1914. Wir rasten unter Schatten spendenden Bäumen, als plötzlich ein Bauer auftaucht. Lange unterhält er sich mit unserem Vater. Wir drei dösen vor uns hin. Doch dann sind wir plötzlich hellwach. Nur Wortfetzen haben wir aufgeschnappt. Doch als der Bauer von einem „blasenden Loch" am Hang berichtet, hält uns nichts mehr.

Hunderte von Tierbildern bedecken Wände und die Höhlendecke. Ich entdecke als Erster ein ganz besonderes Bild, als ich über mehrere Felsabsätze gesprungen bin. Max und Jacques sind zum ersten Mal in ihrem Leben sprachlos, als ich es ihnen zeige: ein Bär mit vielen Speeren am Körper. Er ist verwundet. Blut scheint ihm aus dem Maul zu schießen. Vater umarmt uns alle drei. Auch er ist zu ergriffen um jetzt zu reden.
An einer anderen Stelle der Höhle ist Vater dann wieder ganz aufgeregt. „Leuchtet, leuchtet zur Decke!", befiehlt er. Wir schauen alle nach oben. Mit großen Augen sieht uns eine seltsame Gestalt an: ein Hirsch mit Bart, Bärentatzen und Pferdeschweif ... und doch: ein Mensch. Ein Zauberer? Ein Jäger mit Tiermaske? Ein Geisterbeschwörer? Mitten zwischen den Tieren scheint er zu tanzen!

④

(5)

Habe ganz vergessen euch zu sagen, dass mein Name Maria ist. Klar, jetzt wollte ich natürlich auch mit in die Höhle. Vater suchte den Boden nach weiteren Knochen und Werkzeugen ab. Zu langweilig, um ihm dabei lange zuzusehen. So nahm ich mir eine Kerze und spazierte in der Höhle umher, leuchtete in die entlegensten Winkel. Plötzlich bekam ich einen riesigen Schreck. „Stiere, Stiere!"
Ich sah riesige bunte Stiere, die lautlos durch die Luft galoppierten. Als Vater bei mir war, deutete ich auf einen Felsvorsprung.

Vater konnte vor Aufregung kaum sprechen. Doch dann nahm er mich in den Arm und erklärte mir, dass das keine Stiere, sondern Bisons sein müssten, Tiere, die es schon lange bei uns nicht mehr gibt.

Als wir wieder auftauchen, ist Vater schon in Sorge um uns. Wir berichten ihm von wunderbaren Höhlenbildern. Nun hält auch Vater nichts mehr. Weiter als 30 Meter schiebt er sich hinter uns her durch einen engen Gang. Später berichtet er uns von seinen Todesängsten, denn wenn er stecken geblieben wäre, hätte es kein Zurück mehr gegeben. Endlich hat auch er die große Höhle erreicht. Wie gebannt betrachtet er die gemalten Bilder: Mammuts, Wildpferde, Rentiere, Hasen, Fische und Vögel.

Plötzlich bleibt mein Freund stehen und späht nach allen Seiten. ‚Ich sehe ihn nicht mehr, eben war er doch noch da', ruft er in die Runde. Ein Pfiff von mir bringt auch nichts. Robot bleibt verschwunden. Die Erde scheint ihn verschluckt zu haben. Und tatsächlich! Unter einem Strauch entdecke ich ein schmales Loch. Ich rufe hinein um ein Lebenszeichen meines treuen Begleiters zu erhalten. Nichts! Wir arbeiten uns vor, räumen Steine weg. Eine Höhle! Kriechend tasten wir uns voran. Marcel rennt zurück, holt Seile und Lampen. Wir hangeln uns nach unten. Mein Hund begrüßt uns mit freudigem Gebell.

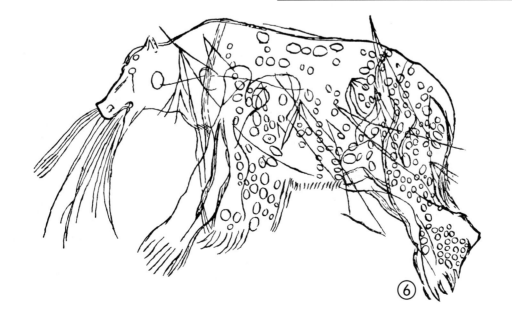

(6)

# Tiere auf Höhlenwänden: ein Bilderrätsel

Das Bilderrätsel zeigt dir Bilder, die von den Steinzeitkünstlern auf Höhlenwände gemalt oder geritzt worden sind. Diese Tiere wurden von den Jägern gejagt.

Hast du die Namen der Tiere herausgefunden und richtig eingetragen, erhältst du ein Lösungswort.

# ❑ Das Geheimnis der Höhlenbilder

Viele Höhlenbilder erscheinen uns heute geheimnisvoll und rätselhaft.
Ob sie wohl eine magische Bedeutung hatten? In den Höhlen trafen sich Jäger vor und nach der Jagd. Hier wurden die Mädchen und Jungen feierlich in die Gemeinschaft aufgenommen.
Sicher ist, dass eine solche Bilderhöhle nicht als Wohnraum genutzt wurde. War sie ein Ort für geheime Rituale, Beschwörungstänze und Jagdzauber und damit eine

— — — — — — — — — — ?

Versuche einmal selbst die seltsamen Malereien zu deuten. Hier einige Deutungsversuche von Wissenschaftlern, die dir dabei helfen sollen. Aber aufgepasst, nicht alle Hinweise sind „echt". Die Leitbuchstaben der richtigen Hinweise verraten dir das Lösungswort. Manchmal sind auch mehrere Hinweise „echt".

Die auf den Höhlen- wänden dargestellten Tiere
a) wurden als Tiergottheiten verehrt. **K**
b) schmückten die Wände, weil es noch keine Tapeten gab. **N**
c) wurden wegen ihrer Schönheit, Stärke und Schnelligkeit bewundert. **U**

Handabdrücke, Punkte und Striche
a) hatten magische Bedeutung. **L**
b) wurden von Kindern aufgemalt. **D**

Die Tiergeister wurden beschworen
a) um für eine erfolgreiche Jagd zu danken. **T**
b) um sich die Bestien vom Hals zu halten. **U**
c) um Jagdglück zu erbitten. **S**

Die Tiere, die verwundet oder von Pfeilen getroffen dargestellt wurden,
a) waren alte und kranke Tiere. **R**
b) waren „Wunschbilder" der Jäger. **T**
c) sollten durch die Bilder „gebannt" und somit eine sichere Beute sein. **Ä**

Die dargestellten Menschen in Tierfellen und Tiermasken mit Hörnern
a) mussten so herumlaufen, weil sie bei der Jagd feige waren. **R**
b) waren Geisterbeschwörer, die Schutz und Hilfe für die Gemeinschaft erbaten. **T**

Rituale, Zauberformeln und Beschwörungstänze
a) sollten Menschen in Tiere verwandeln. **S**
b) sollten Zusammenhalt und Einigkeit des Stammes beschwören. **T**
c) sollten die Gemeinschaft vor Unglück und bösen Geistern schützen. **E**

#  Steinzeitkunst zum Selbermachen

## ☐ Farbige Höhlenbilder

Die Steinzeitkünstler mussten ihre Farben selbst herstellen. Farbmineralien zerrieben sie zu feinem Pulver. So gewannen sie z.B. rote Farbpigmente aus dem Mineral Hämatit und Gelb- und Brauntöne aus Ocker (Farberde). Schwarze Farbe stellten sie aus Mangan oder einfach aus Holzkohle bzw. Asche her, weiße aus Feldspat und Quarz.

Mit Naturfarben könnt ihr auch heute noch malen.
Ihr bekommt sie in einem Fachgeschäft für Künstlerbedarf.

Nehmt als Bindemittel am besten Kleister, den ihr mit Wasser anrührt. Dann streut ihr die Farbpigmente ein und rührt alles gut durch.

Habt ihr auf diese Weise verschiedene Farben hergestellt, legt ihr eine lange Raufaserbahn auf mehreren aneinander gereihten Tischen aus. Ihr taucht Schwämme in die braune Farbe und grundiert zunächst einmal. Ihr solltet aber nicht wischen, sondern nur tupfen!

Tragt die Farbe nicht deckend auf und ruhig ungleichmäßig. So erzielt ihr am besten den Eindruck einer Höhlenwand. Während die Farbe trocknet, schaut ihr euch farbige Höhlenbilder genauer an. Ihr findet sie in Büchern aus der Stadtbücherei oder im Internet (Stichwort: Lascaux). Wenn die Farbe getrocknet ist und jeder sein Lieblingstier gefunden hat, kann es mit der „Höhlenmalerei" losgehen.

Zeichnet zunächst die schwarzen Umrisse und malt dann farbig aus. Aber Vorsicht! Nicht flächig malen! Die Farben sollten untereinander verlaufen. Also lieber tupfen als streichen.

Ihr könnt natürlich mit dem Pinsel malen. Aber vielleicht wollt ihr ja auch die Farben wie die Steinzeitmenschen auftragen: also mit den Fingern, mit Moos, einem zusammengerollten Fellrest oder mit Zweigen, die an der Spitze wie Pinselhaare aufgefasert sind (breit klopfen mit einem Stein).

Tipp: Vergesst auch nicht eure Handabdrücke auf eurer „Höhlenwand" zu hinterlassen, genau wie es die Steinzeitkünstler getan haben. Ihr könnt auch geheimnisvolle Strich- und Punktsymbole hinzufügen!

# ❑ Magische Hände

Die meisten Höhlenbilder stellen Tiere dar. Häufig haben Frauen, Kinder und Männer aber auch ihre Handabdrücke an den Wänden hinterlassen. Dazu tauchten sie einfach ihre Hände in Farbe.
Das kannst du leicht nachmachen.

Die berühmten weißen Hände sind schon schwieriger herzustellen. Das Bild zeigt dir, wie die Steinzeitmenschen die Farbe mit dem Mund – oft auch mit einem Blasrohr – auf ihre Hand gesprüht haben. Aber Vorsicht! Nicht zur Nachahmung empfohlen!
Welche Bedeutung die Handabdrücke wohl hatten?

 Wende selbst einfach folgende Sprühtechnik an:
Tauche eine alte Zahnbürste in Wasserfarbe. Streiche mit dem Daumen über die Borsten, sodass die Farbe herausspritzt.

# ☐ Ritzbilder

Tierbilder wurden von den Steinzeitkünstlern nicht nur auf Höhlenwände gemalt, sondern auch in Stein- oder Schieferplatten geritzt.

 Auch diese Technik kannst du selbst ausprobieren.
Ritze deine Steinzeit-Tierbilder mit einem kleinen, spitzen Stein in eine Schieferplatte.
Tipp: Du wirst bestimmt beim Dachdecker um die Ecke fündig.

Beachte! Die Auswahl des Steines erfordert Sorgfalt.
Er muss nicht nur spitz sein, sondern auch härter als Schiefer.
Feuersteinabschläge wären ideal. Aber wer hat die schon?
Probiere einfach mal verschiedene Steine aus. Wenn alle Stricke reißen, dann benutze einen Stahlnagel zum Ritzen.
Das ist zwar keine urzeitliche Technik, führt aber zum Erfolg!

## ❏ Steinzeit live

### Steinzeitoutfit – selbst hergestellt

Klar, die Steinzeitmenschen waren von Kopf bis Fuß in Tierfelle gehüllt.
Aber wer von uns kann sich das heute noch leisten?

Also nehmen wir als Ersatz einfach Teddyfutter oder Webpelz, natürlich naturfarben, nicht knallbunt.
Jeder lässt sich entsprechend seiner Größe ein rechteckiges Stück „Fell" zurechtschneiden.
In der Mitte die Öffnung für den Kopf nicht vergessen!
Zusammengehalten wird eure Steinzeit-Tunika in der Taille von einer dicken Kordel oder einem Lederriemen.
Wenn ihr wollt, könnt ihr wie die Steinzeitmenschen euer Fell mit aufgenähten Muscheln, Tierzähnen oder Federn verzieren. Tragt ihr dazu noch selbst gebastelten Steinzeit-Schmuck und ein Stirnband aus Leder, ist euer Steinzeitoutfit perfekt – selbst wenn ihr Jeans und T-Shirt darunter tragt.

# Steinzeitketten – selbst zusammengestellt

Zur Herstellung von Steinzeitschmuck eignet sich fast alles, was man in der Natur findet: Federn (damals sehr beliebt), Blätter, kleine Holzstückchen, Baumrinde, Nussschalen, Muscheln, Schneckenhäuschen, ... Deiner Fantasie sind keine Grenzen gesetzt.

All das kannst du auf Bast oder ein Lederband aufziehen und daran festknoten.

Und hier noch ein Tipp aus der Steinzeit-Werkstatt des Neanderthal-Museums:
Dort stellen die Mädchen und Jungen bei einem Besuch tolle Muschelketten nach einer alten Steinzeit-Technik her.

Sie reiben die Muscheln – da wo sie ihre Wölbung haben – über einen rauen Stein.
Schon nach kurzer Zeit entsteht an der Reibfläche ein Loch und die Mädchen und Jungen können die Muscheln mit einer Bastschnur verknoten.

# Gesichtsbemalung

Kein Steinzeitfest ohne tolle Bemalung!

Vermutlich haben die Steinzeitmenschen zu besonderen Gelegenheiten ihre Gesichter und Körper bemalt.
Dazu benutzten sie mit Tierfett vermischte Naturfarben, die sie aus Quarzen, Mineralien, Erde, Holzkohle und Asche herstellten.

 Ihr verwendet aber besser Theaterschminke oder Karnevalsschminkstifte.

Linien, Punkte, Kreise, Spiralen ...
Erlaubt ist, was gefällt!

# Steinzeitzelt – selbst nachgebaut

Ist es nicht eine tolle Sache, ein Rentierjägerzelt (fast wie im Original) nachzubauen?

Damit auch alles gut gelingt, solltet ihr eure Eltern, Verwandte, Freunde, ... um Hilfe bitten.
Wer hilft bei der Errichtung der Grundkonstruktion?
Gibt es Möglichkeiten, Lederreste (noch besser Felle) zu besorgen? Welche Mütter, Omas, ... leisten Hilfestellung bei der Erstellung der riesigen Plane?
Eine vorherige gute Organisation erleichtert euer Vorhaben wesentlich!

Ihr braucht an Material:
– acht bis zwölf 4-6 cm dicke und ca. 3 m lange Birkenstämme oder Bohnenstangen (Holzhandel oder Gartenzentren),
– ca. 10 m halbrunde Hölzer (Holzhandel oder Gartenzentren),
– ca. 30 Birkenruten, die ungefähr 1,30 m lang sein sollten,
– jede Menge Lederbänder oder Paketschnüre um Stämme und Ruten miteinander zu verbinden,
– Rentierfelle sind wohl unmöglich aufzutreiben. Verwendet für die Bedeckung am besten Stoffreste oder alte Decken, die ihr mit Pelz-, Fell- oder Lederresten verziert. Ca. 20 m$^2$ Stoff braucht ihr dafür,
– Hammer und Nägel (wenn auch nicht steinzeitgemäß) erleichtern den Aufbau wesentlich,
– Steine zum Beschweren der Zeltplanen am Boden.

Die Baumstämme richtet ihr in Gestalt eines Kegels auf. Am besten bindet ihr sie immer nach und nach zu einem Gerüst mit Bändern oder Schnüren oben zusammen. Die Stabilisierung erfolgt durch die halbrunden Hölzer, die ihr von innen waagerecht an der Konstruktion anbringt. Achtung! Eingang freilassen!
Die Birkenruten werden am besten von oben nach unten außen an der Konstruktion angebracht. Das gibt dem Zelt anschließend mehr Volumen.
Legt jetzt eure Stoff- oder Deckenplanen darüber. Nagelt oder tackert sie an der Holzkonstruktion fest.
Die Bedeckung sollte so weit auf dem Boden aufliegen, dass ihr sie mit Steinen beschweren könnt.

# Steinzeitsong am Lagerfeuer

Kein Steinzeitfest ohne ein tolles Lied!

Damals vor ganz langer Zeit, machten wir uns auf der Erde breit.
Und man trug als Kleidung Fell. Zottlig dunkel oder glatt und hell.

Stein- zeit live, wir be- richten euch davon

sin- gen euch was vor, das geht voll ins Ohr.

Damals wohnte man im Zelt und war steinreich auch ganz ohne Geld.
Und oft saßen wir im Kreis um ein Feuer rum bei Trank und Speis.

Ref.: (2X)     Steinzeitmenschen sind so, wie ich und du,
                schau'n wir doch einmal ihrem Leben zu.

Feuersteine schlagen wir, bis die Funken sprüh'n, das könnt auch ihr.
Bilder malten wir auf Stein. Ritzten Tiere auch in Schiefer ein.

Ref.: (2X)     Was war damals los und was geschah?
                Wie die Steinzeit war, wird jetzt jedem klar.

Bisonhatz und Mammutjagd war'n zum Überleben angesagt.
Zaubersprüche brachten Glück. Und so manches schöne Beutestück.

Ref.: (2X)     Jagen, Sammeln und Feuersteinbehau
                machten ihnen Spaß, waren sie nicht schlau?

Muschelketten unser Schmuck und die Fertigung, die geht ruckzuck.
Spiele gab's für Groß und Klein nicht aus Plastik, sondern nur aus Stein.

Ref.: (4X)     Die 6a ist voll auf dem Steinzeittrip,
                auf dem Steinzeittrip, auf dem Steinzeittrip.
                (Ausblenden)

Melodie: John Lennon, Paul McCartney
„Yellow Submarine" (The Beatles)

Sicher fallen euch noch viel mehr Strophen ein.
Tipp: Euer Steinzeitlied singt ihr am besten, wenn ihr alle gemütlich um ein Lager-
feuer herumsitzt. Natürlich darf auch gegrilltes oder am Spieß gebratenes Fleisch mit
Pilzen nicht fehlen. Dazu trinkt ihr wie die Steinzeitmenschen Beerensaft.

# Steinzeitspiele

In Frankreich hat man kleine und große Steinkugeln gefunden. Vieles deutet darauf hin, dass sie Bestandteil einer Wurfschleuder, einer Bola, waren. Wie eine Bola hergestellt und verwendet wurde, zeigen euch diese Bilder.

Vielleicht kannten die Steinzeitmenschen aber auch schon Spiele mit kleinen und großen Steinkugeln, wie z.B. das Murmelspiel oder das Boule-Spiel. Wer weiß?

Probiert doch einfach einmal einige Spiele mit Steinkugeln aus.

### Steinzeit-Boule:

Dazu besorgt sich jeder Mitspieler zwei möglichst runde Steine (tennisballgroß). „Woher?", fragt ihr. Gibt es weder einen Kieselstrand noch einen Gebirgsbach in eurer Nähe, fragt einfach im Baumarkt nach. Ein kleinerer, rundlicher Stein dient als Zielstein. Er wird zuerst ausgeworfen. Dann wirft jeder Spieler der Reihe nach seine erste Steinkugel möglichst nah an die Zielkugel. Wegkicken des Zielsteines ist natürlich auch erlaubt.

Im zweiten Durchgang wirft der Spieler zuerst, dessen Kugel am weitesten vom Spielstein entfernt liegt. Zum Schluss hat derjenige gewonnen, dessen Kugel dem Zielstein am nächsten liegt.

## Kennt ihr noch **Murmelspiele?**

Hierzu könnt ihr kleine Kieselsteine oder auch kleine Holzkugeln benutzen, die ihr vorher mit magischen Zeichen bemalt.

Besonders bekannt ist die Variante, in der eine Murmel mit dem Daumen gegen andere Murmeln geschossen wird, die in einem auf den Boden gezeichneten Kreis liegen. Ein Spieler gewinnt alle Murmeln, die er aus dem Kreis herausschießen kann. In einer anderen Spielart schießen oder rollen die Mitspieler ihre Murmeln aus einer angemessenen Entfernung gegen eine als besonders wertvoll angesehene Murmel. Alle Murmeln, die das Ziel verfehlen, gehören dann dem Besitzer der Zielmurmel. Das Spiel dauert so lange, bis entweder die Herausforderer keine Murmeln mehr haben oder einer der Mitspieler das Ziel trifft. In diesem Fall gewinnt der Spieler die Zielmurmel und setzt sie selbst in einem neuen Spiel als Ziel.

Überlegt euch noch andere Spiele, die die Steinzeitkinder gespielt haben könnten.

# Hilfe! Überfall! – Ein Würfelspiel

Auch die Menschen der Steinzeit waren vermutlich nicht immer friedlich. Schon damals haben sich die verschiedenen Horden gute Jagdgründe, bequeme Lagerstätten, geheime Unterschlupfwinkel, Gebiete mit besonders vielen Beeren und Pilzen untereinander streitig gemacht.

Gut war es immer, wenn man den eigenen Lebensraum erfolgreich verteidigte und gleichzeitig andere Gebiete in Besitz nehmen konnte.

In diesem Spiel überfallt ihr andere und werdet überfallen.
Tragt den Kampf aber friedlich untereinander aus.

Gespielt wird zu viert. Jeder hat drei Spielpüppchen und einen Würfel. Eure Spielpuppen stellt ihr in euren Quartieren (graue Felder) auf, nachdem ihr euch über die Gebiete geeinigt habt.
Die dunkel-orange unterlegten Felder belegt ihr mit kleinen Steinchen.

Jetzt geht's los. Wer die höchste Augenzahl würfelt, beginnt und startet gleich mit der ersten Figur. Weiter im Uhrzeigersinn. Wie viele eurer Figuren ihr einsetzt, bleibt euch überlassen. Während des Spieles könnt ihr vorwärts, rückwärts, in beliebige Richtungen ziehen.

Überspringen von Gegnern ist erlaubt, Steine dürfen nicht übersprungen werden.

Trefft ihr genau auf ein Mitglied einer „feindlichen" Horde, dann „schlagt" zu. Eure Puppe belegt diesen Platz. Die Spielpuppe des Gegners muss ins eigene Lager zurück.

Die Steine können erobert werden, wenn man sie mit seiner Augenzahl direkt trifft. Dann aber kann man sie in jedes beliebige runde Feld stellen, auf dem gerade keine Spielpuppe steht. Man selbst steht im Feld, in dem zuvor der Stein lag.

So kann man z.B. seinen eigenen Lagerplatz vor dem Feind durch eine Steinbarrikade schützen, seine Spielpuppe(n) in Sicherheit bringen und den Überfall vorbereiten.

Gelingt es jemandem von euch, in ein gegnerisches Lager einzudringen, dann ist das Spiel beendet und derjenige ist Sieger. Hierzu muss die Augenzahl aber genau passen. Das Lager zählt als letztes Feld.

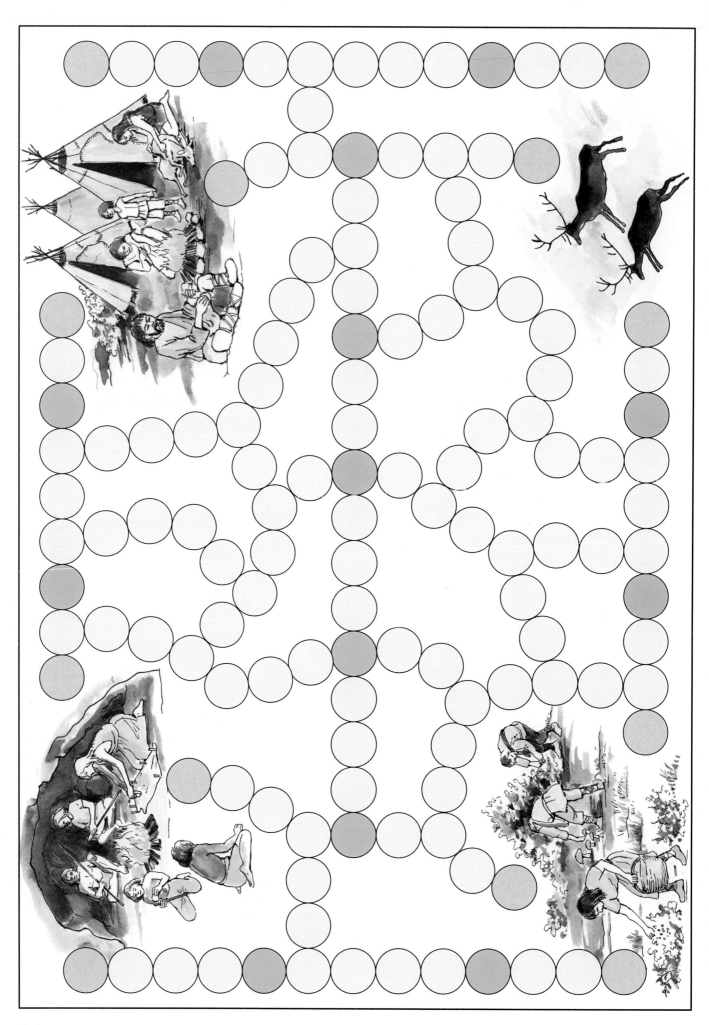

## ☐ Kennst du dich aus in der Altsteinzeit?

Löst du das Rätsel, so verraten dir die gelb unterlegten Felder, wie man die Epoche nach der Altsteinzeit nennt (Ä=AE, Ö=OE):

—— —— —— —— —— —— —— —— —— —— —— —— —— ——

1. Dies fand in den Bilderhöhlen statt.
2. Hierdurch ehrten die Neandertaler ihre Toten.
3. Wichtiger Fundort in der Nähe von Düsseldorf
4. Mithilfe dieser Technik wurde ein Feuer entfacht.
5. Die erste Fernwaffe der Menschen mit größerer Reichweite
6. Das größte Tier der Eiszeit
7. Hierauf wurden die allerersten Bilder gemalt.

8. Aus diesen Steinen wurden Waffen und Werkzeuge hergestellt.
9. Seit dieser Erfindung gab es richtige Kleidung.
10. Zu dieser Zeit herrschten im Sommer höchstens zehn Grad plus, im Winter 25 Grad minus.
11. Das haben sich die Menschen nutzbar gemacht.
12. Ein „Allround"-Werkzeug
13. So wird der Pyritstein volkstümlich auch genannt.

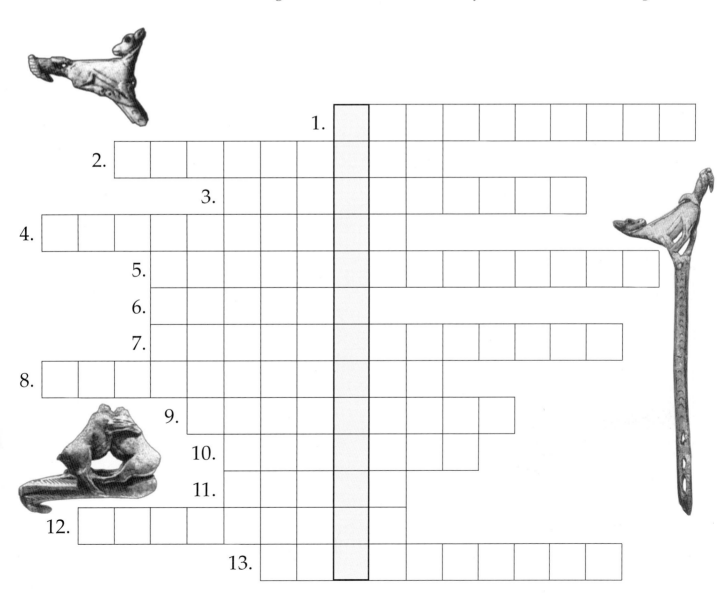

## ☐ Ferdis zweite Zeitreise – ein Erlebnisbericht

„Da staunt ihr, nicht wahr? Euer Ferdinand kann nicht genug von der Steinzeit bekommen. Ich habe nämlich beschlossen eine zweite Zeitreise in die Vergangenheit zu unternehmen. Mein neues Ziel: die Gegend um die heutige Stadt Stuttgart vor ca. 7.000 Jahren.

Die Fehler meiner ersten Zeitreise ins Neandertal wiederhole ich aber nicht.

Jetzt kleide ich mich passend: dicker Anorak, Pudelmütze, Handschuhe, warme Socken und festes Schuhwerk.

Und zack: Es hat funktioniert!

Aber wo ist das Eis, auf das ich mich eingestellt habe? Ich schwitze mich fast tot in meiner Kleidung. Schönstes Sommerwetter: 25 Grad plus. Mit meiner Kleidung komme ich mir vor wie damals im Neandertal: einfach idiotisch!

Und wo sind die Mammuts und Wollnashörner, über die ich berichten will?

Ich sehe hier ganz andere Tiere, als ich es mir vorgestellt hatte.

Sie kommen mir bekannt vor. Euch auch?

Und wie sich das Leben der Menschen verändert hat! Glaubt ja nicht, dass ihre Kleidung hier nur aus Fellen oder Leder besteht. Viele laufen schon in selbst gewebten Stoffen herum. Die Menschen jagen auch nicht mehr wilden Tieren hinterher. Nein, die Tiere, die ich sehe, sind zahm. Sie weiden in der Nähe eines richtigen Dorfes. Also Anorak aus und nichts wie hin!

Ihr könnt inzwischen schon mal die Skizzen beschriften, die ich von den Tieren angefertigt habe.“

„Und so sieht es hier aus:

„Vielleicht staunt ihr ebenso wie ich darüber, wie ,modern' das Leben dieser Menschen bereits ist."

Schau dir das Bild genau an und beschreibe es.

☐ **Toll! Die ersten richtigen Häuser**

So haben die Menschen der Jungsteinzeit ihre Häuser gebaut. Aber halt! Bestimmt hast du gemerkt, dass sich moderne Gegenstände eingeschlichen haben, die es damals noch gar nicht gab. Kreise die 14 Fehler rot ein.
Beschreibe jetzt, wie die Menschen damals ihre Häuser gebaut haben. Diese Begriffe helfen dir dabei: „Tragpfosten aus Baumstämmen", „ Wände aus Flechtwerk und Lehm", „Dach aus Schilf".

# ☐ Sensationell neu! Brot aus selbst angebautem Getreide

„Hallo, hier ist noch einmal euer Ferdinand Flint! Leute, ich staune nur noch Bauklötze. Habe Männer und besonders Frauen erwartet, die ohne Ende Wurzeln, Beeren und Pilze sammeln. Ausgelacht haben sie mich, als ich danach gefragt habe. Sie haben mir voller Stolz ihre Äcker gezeigt, auf denen sie Getreide anbauen. Ich wäre ja wohl einer von vorgestern, haben sie gemeint. Was sollte ich ihnen dazu sagen? Außerdem war ich viel zu überrascht Getreidesorten vorzufinden, wie sie unsere Bauern noch heute anbauen. Meine Skizzen zeigen es euch.

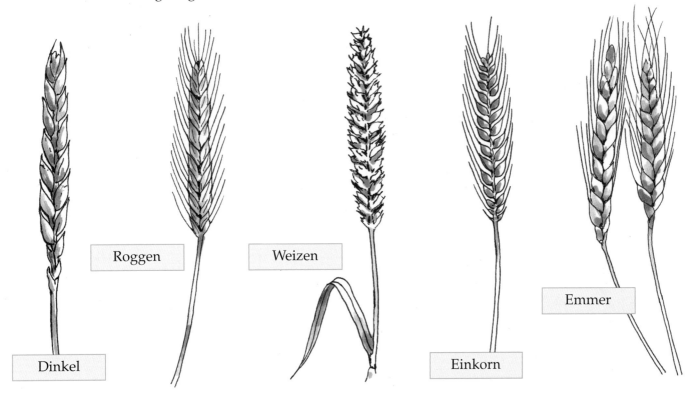

Roggen

Weizen

Emmer

Dinkel

Einkorn

Von Taira erfuhr ich, dass das Getreide mit Steinsicheln geerntet wird. Dann zeigte sie mir, wie die Körner auf Mahlsteinen gemahlen werden. Das Mehl wird dann mit Wasser, Kräutern und Fett vermischt und zu kleinen Fladen geformt.
Gebacken werden die Fladen auf einem Lehmboden, über dem man ein Feuer entfacht. Ist der Lehm heiß genug, fegt man einfach die Glut des Feuers weg und backt auf der heißen Lehmoberfläche. Genial! Ich bin

Taira nicht eher von der Seite gewichen, bis sie mir ein tolles Rezept verraten hat. Ich habe es für euch etwas modernisiert.

*250g Weizenvollkornmehl (Type 1050), 250g Weizenvollkornschrot (Type 1700), 100g gemahlene Haselnüsse, 100g gehackte Haselnüsse, 42g Hefe, 1 TL Salz, etwa 0,3–0,4l Wasser. Teig kneten, 30 Minuten gehen lassen.*
*Den Teig teilst du in vier Portionen und schlägst ihn zu dünnen, ca. 0,5 bis 1 cm hohen, runden Fladen aus. Die Oberfläche bestreichst du mit Wasser und backst alles im vorgeheizten Backofen bei 200 °C ca. 30 bis 35 Minuten lang.[1]*

Na, ob das Brot, serviert mit Käse und Schinken, der Renner auf eurer ‚Steinzeit-Party' wird? Probiert es aus!

Euer Ferdi."

---

[1]  aus: 100.000 Jahre Esskultur, Archäologisches Freilichtmuseum Oerlinghausen/Kulturamt der Stadt Hanau 1996

# ☐ Der „Knüller": Tontöpfe – schön und praktisch

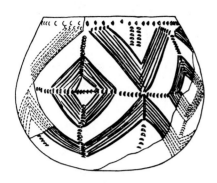

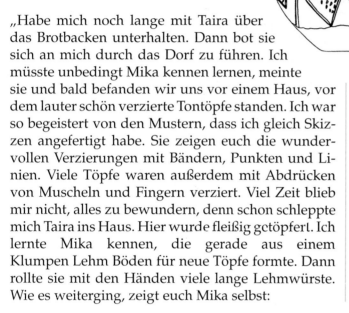

„Habe mich noch lange mit Taira über das Brotbacken unterhalten. Dann bot sie sich an mich durch das Dorf zu führen. Ich müsste unbedingt Mika kennen lernen, meinte sie und bald befanden wir uns vor einem Haus, vor dem lauter schön verzierte Tontöpfe standen. Ich war so begeistert von den Mustern, dass ich gleich Skizzen angefertigt habe. Sie zeigen euch die wundervollen Verzierungen mit Bändern, Punkten und Linien. Viele Töpfe waren außerdem mit Abdrücken von Muscheln und Fingern verziert. Viel Zeit blieb mir nicht, alles zu bewundern, denn schon schleppte mich Taira ins Haus. Hier wurde fleißig getöpfert. Ich lernte Mika kennen, die gerade aus einem Klumpen Lehm Böden für neue Töpfe formte. Dann rollte sie mit den Händen viele lange Lehmwürste. Wie es weiterging, zeigt euch Mika selbst:

Zum Schluss glättete Mika die Töpfe von innen noch mit einem Kiesel. Jetzt wurden sie im Holzfeuer gebrannt.

Schon vor dem Haus hatte ich mich gewundert, dass so viele Töpfe mit Ösen versehen waren. Als ich Mika danach befragte, lachte sie mich aus. War wohl keine intelligente Frage.

Taira klärte mich jedoch auf, als wir wieder draußen waren. Natürlich zieht man Stricke durch die Ösen, um die Töpfe aufhängen zu können, denn Nahrungsmittel, die man darin aufbewahrt, müssen doch vor den Mäusen geschützt werden.

Klar, da hätte ich auch selbst drauf kommen können."

Tipp: Stellt selbst Steinzeitkeramik her.
Alles, was ihr dazu braucht, ist Tonerde. Wichtig ist nur, dass ihr eure Gefäße lange genug trocknen lasst. Sie sind dann zwar ungeeignet für die Aufbewahrung von Flüssigkeiten, aber sonst könnt ihr alles in ihnen verwahren.

Habt ihr in der Schule einen Brennofen, dann könnt ihr eure Tongefäße natürlich auch brennen.

# Gesundheitstipps: Ur-Omi weiß Rat

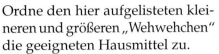

Hatte sich jemand verletzt oder eine Krankheit, dann bekam er damals nicht die ärztliche Hilfe, die wir heute gewohnt sind. Trotzdem wussten sich die Steinzeitmenschen schon gut zu helfen, indem sie viele Naturheilmittel verwendeten.
Wenn aber alle diese „Hausmittel" nicht halfen, dann suchte man den Medizinmann auf. Auch dieser hielt viele heilenden Salben und Tinkturen bereit.

Ordne den hier aufgelisteten kleineren und größeren „Wehwehchen" die geeigneten Hausmittel zu.
Notiere die entsprechende Zahlen-Buchstaben-Kombination unten in der Tabelle und du erhältst ein Lösungswort. Es verrät dir, was noch zur Heilkunst des Medizinmannes gehörte.

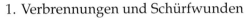

1. Verbrennungen und Schürfwunden
2. Magenschmerzen
3. Essensreste zwischen den Zähnen
4. Allgemeine Schmerzen
5. Entzündung einer Wunde
6. Blutende Wunden
7. Ermüdungs- und Erschöpfungszustände
8. Schnupfen und Erkältung
9. Halsschmerzen
10. Zahnschmerzen
11. Schutz vor Fliegen und Stechmücken

| | | | |
|---|---|---|---|
| Koche kleine Rindenstücke des Weidenbaumes in Wasser, süße diesen Tee mit Honig und trinke das Gebräu. **(E)** | Zerreibe Bärlapp, koche ihn in Wasser und trinke den Sud. **(AU)** | Brennnesseltee gibt verbrauchte Energie sofort zurück. **(R)** | Streiche Tierfett auf die Haut. **(Z)** |
| Stelle aus Tierfett und rotem Ocker (Erde) eine stark riechende Salbe her und reibe dich damit ein. **(E)** | Koche einen Tee aus der inneren Rinde eines Früchte tragenden Baumes und gurgle damit. **(E)** | Lege Birkenpilze auf die Wunde. **(R)** | Lege sauberes, trockenes Moos auf. Es ist sehr saugfähig. **(SP)** |
| Kaue auf Kiefernholz herum. **(B)** | Weiche getrocknete Kamillenblüten in heißem Wasser ein. Siebe den abgekühlten Sud durch und reibe damit das Zahnfleisch ein. **(CH)** | Koche getrocknete Blätter der Katzenminze in Wasser und trinke den Tee möglichst heiß. **(U)** | |

| Krankheit | 1 | 2 | 3 | 4 | 5 | 6 | 7 | 8 | 9 | 10 | 11 |
|---|---|---|---|---|---|---|---|---|---|---|---|
| Rezept (Buchstabe) | | | | | | | | | | | |

Auch heute werden noch viele Pflanzen als Heilmittel verwendet.
Erkundigt euch bei eurer Mutter, bei der Oma, in der Apotheke, ... und stellt Gesundheitstipps für die heutige Zeit zusammen.

# Ötzi, der Mann aus dem Eis

**19. September des Jahres 1991
Lebloser Körper
im Gletschereis gefunden**

Ein verunglückter Bergsteiger oder Mord in den Alpen? Die Zeitungsmeldungen überschlagen sich …

DIESE NACHRICHT GEHT **U**M DIE WELT. **S**PITZNAME DES **GL**ETSCHERMANNES: „ÖTZI", NACH DEM ÖTZTAL, DAS IN DER NÄHE DES FUND**OR**TES LI**E**GT.

MÄNNER DER BERGRETTUNG BEFREIEN DEN KÖ**R**PER IN **T**AGELANGER ARBEIT AUS DEM EIS UND LEGEN IHN IN EINEN SARG.

24. SEPTEMBER 1991: DER ARCH**Ä**OLO**G**E KONRAD SPINDLER WIRD HELLHÖRIG. ER SIEH**T** SICH L**EI**CHE UND FUNDSTÜCKE AN.

BESONDE**RS** DIE**N**EBEN DE**R** LEICHE GEFUNDENEN WAFFEN, WERKZEUGE UND KLEIDUNGS**ST**ÜCK**E** GEBEN **N**RÄTSEL **A**UF.

SPINDLER ERKENNT: KEIN VERUNGLÜCKTER BERGSTEIGER, KEIN **M**ORD **IN DEN A**L-PEN. DIE LEICHE IST **U**RAL**T**.

DAMIT IST DI**E** SE**N**SA**TIO**N PERFEK**T**: GLETSCHERMANN VOR MINDESTENS 4.000 **J**AHR**E**N GE**S**TORBEN.

SPÄTER KOMME**N W**EITERE SENSATIONELLE **U**N-TE**R**SUCHUNGSERGEBNISSE HINZU: ÖTZI IST 5.300 JAHRE ALT UN**D** SOMIT DE**R** ÄLTESTE VOLLSTÄNDIG ERHALTENE KÖRPER, DER JEMALS ENTDECKT WURDE.

GERICHTSMEDIZINER UNTERSUCHEN DIE L**EI**CHE UND **B**EMERKEN RÄ**TS**EL-HAFTE TÄTOWIERUNGEN.

TRANSPORT DER LEICHE **Z**UM GER**I**CHTSMEDIZINISCHEN INSTITUT DER UNIVERSITÄT INNSBRUCK.

Bringe die Kurzberichte in die zeitlich richtige Reihenfolge. Die hervorgehobenen Buchstaben vervollständigen dann den Lösungssatz.

\_\_ \_\_ \_\_ \_\_ \_\_ \_\_ \_\_ \_\_ \_\_ 500 JAHRE, BEVOR DIE

\_\_ \_\_ YP \_\_ \_\_ \_\_ DIE \_\_ \_\_ \_\_ \_\_ \_\_ \_\_

PY\_\_ \_\_ \_\_ \_\_ \_\_ \_\_ \_\_ B \_\_ \_\_ \_\_ \_\_ , UND WAR

BEREITS LÄNGER ALS 3.000 JAHRE \_\_ \_\_ \_\_ , ALS

\_\_ \_\_ \_\_ \_\_ \_\_ \_\_ \_\_ B\_\_ \_\_ \_\_ \_\_ \_\_ \_\_ \_\_ \_\_ .

Erstellt eine ganze Sonderseite mit Augenzeugenberichten, Hintergrundinformationen, Interviews und den neuesten Forschungsergebnissen über diesen sensationellen Fund.
Tipp: Bittet um Archivmaterial bei eurer Tageszeitung oder informiert euch im Internet.

# ❑ Was Ötzi so alles bei sich trug

Nicht nur der Körper des Gletschermannes, auch vieles, was er bei sich trug, wurde am Fundort entdeckt. Die Archäologen haben sich zu jedem Fundstück Notizen gemacht. Deine Aufgabe ist es, jedem Fundstück die richtige Beschreibung zuzuordnen. Die hervorgehobenen Buchstaben ergeben ein Lösungswort. Trage es hier ein:

——  ——  ——  ——  ——  ——  ——  ——  ——  ——

Ja, auch diese Früchte trug Ötzi bei sich. Jetzt weißt du sicherlich auch, warum die Forscher so genau bestimmen konnten, dass der Gletschermann im Herbst gestorben ist.

| | |
|---|---|
| **Bogen** | Als M**e**dizin verwendet, denn darin enthalten ist ein Antibiotikum gegen Krankheitserreger. |
| **Dolchscheide** | Aus Ziegenpelzleder, **b**ot Schutz vor Kälte. |
| **Birkenrindengefäß** | Hergestellt aus Kuhhaut, zum Schutz gege**n** Kälte mit Gras ausgestopft. |
| **Teile eines Birkenpilzes** | Di**e** älteste Kopfbedeckung, die jemals in Europa gefunden wurde. |
| **Köcher** | Zum Transport von Feuerg**l**ut oder Holzkohle, in Ahornblätter eingewickelt und mit feuchtem Gras abgedeckt. |
| **Beil** | Hergestellt aus Gämsenleder, verstärkt durch **h**ölzerne Ruten. Zur Aufbewahrung von Pfeilen. |
| **Schuh** | In **e**inen Holzgriff eingefügte Feuersteinklinge, mit Tiersehnen befestigt. |
| **Mantel** | Mögliche**r**weise ein Glücksbringer oder Talisman, an einem Lederriemen befestigt. |
| **Pfeile** | Mehr als 180 cm lang, ohne **S**ehne. Zur Jagd von z.B. Wildschweinen, Steinböcken und Rotwild geeignet. |
| **Mütze aus Bärenfell** | Aus Gras geflo**ch**ten und mit einer Bastkordel umwickelt. |
| **Durchlöcherte, flache, weiße Steinscheibe** | Geflochte**n** aus über einen Meter langen Schilfgräsern, zum Schutz vor Regen. |
| **Dolch** | Insg**e**samt 14 davon steckten im Köcher. Zwei waren bereits mit Feuersteinspitzen ausgestattet. |
| **Umhang** | Kling**e** aus Kupfer, mit Teer und Lederriemen sorgfältig am Schaft befestigt, z.B. zum Bäumefällen geeignet. |

# ❏ Museumsschätze: Ötzis Waffen, Werkzeuge und Kleidungsstücke

Diese mehr als 5.300 Jahre alten Gegenstände, die bei Ötzi gefunden wurden, sollen nun im Museum in einer Sonderausstellung gezeigt werden.

Du bist für die Präsentation verantwortlich. Schneide also die (zuvor kopierten) Kärtchen aus, klebe sie auf, beschrifte sie und schreibe tolle Info-Texte dazu.

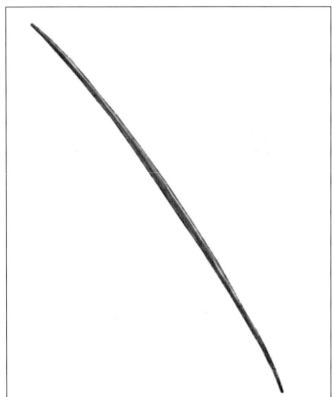

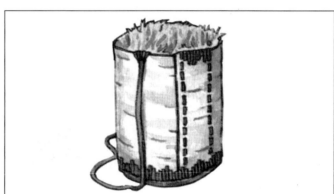

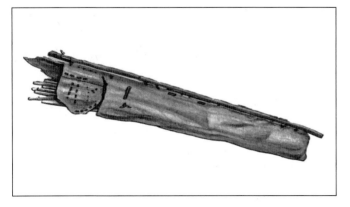

## Zu Besuch bei Bodo, dem Bronzegießer

„Ja, hallo, ich bin's, euer Lernerlebnis-Reporter Ferdinand Flint. Bin mal wieder auf Zeitreise. Ja, wo bin ich denn jetzt gelandet?

Ich fühle mich fast wie zu Hause. Sehe Kühe, die einen Holzpflug ziehen, Schafe mit wolligem Fell, Menschen, die Vieh züchten und Getreide anbauen. Plötzlich steigt mir da so ein eigenartiger, beißender Rauch in die Nase. Ein Chemieunfall? Quatsch, kann gar nicht sein, ich bin doch rund 3.500 Jahre in die Vergangenheit gereist. Aber ich sehe eine Rauchsäule zum Himmel steigen. Was ist das? Da muss ich hin! Und schon treffe ich auf Bodo, den Bronzegießer. Leute, es gibt sensationell Neues zu berichten: Die Menschen haben das Metall entdeckt!

Nach ein paar Worten ist das Eis zwischen Bodo und mir gebrochen. Er führt mich stolz zu seinen schönsten Stücken und zeigt mir alles:

einen Dolch (1), eine Gürtelscheibe (2), einen Kamm (3), ein Rasiermesser (4), eine Brillenspirale (5), eine Speerspitze (6), eine Sichel (7), einen Armreif (8), ein Axtblatt (9) und einen Angelhaken (10).

Ich bin wahnsinnig beeindruckt. Erst einmal alles anschauen. Weitere Informationen? Warum? Ich genieße meine Zeitreise.

Ihr seid dran! Ordnet den Bezeichnungen die Bilder zu und notiert die Leitbuchstaben in dieser Reihenfolge."

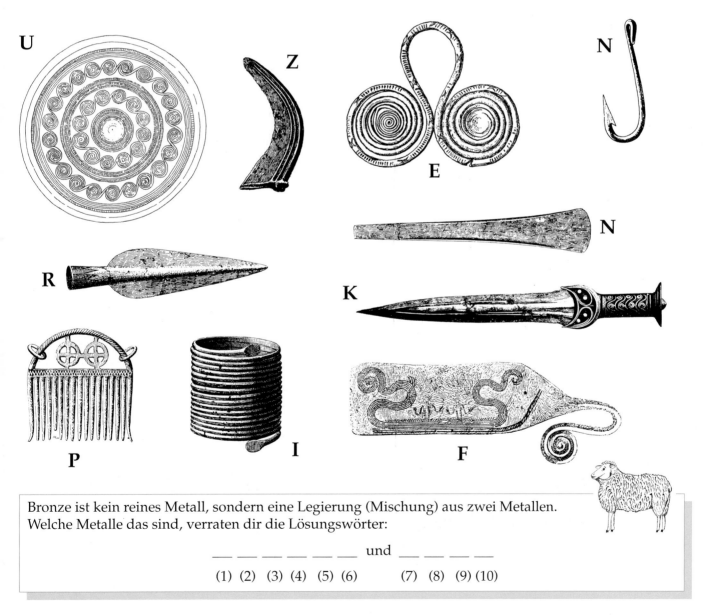

Bronze ist kein reines Metall, sondern eine Legierung (Mischung) aus zwei Metallen.
Welche Metalle das sind, verraten dir die Lösungswörter:

__ __ __ __ __ __   und   __ __ __ __

(1) (2) (3) (4) (5) (6)      (7) (8) (9) (10)

# Die Kunst des Bronzegießens

"Nachdem Bodo mir alle seine Kunstwerke vorgestellt hatte, fragte ich ihn nach der Herstellung. Na, da kennt ihr Bodo aber schlecht, wenn ihr glaubt, er hätte nichts verraten. Es sprudelte förmlich aus ihm heraus. Dabei wurde mir erst mal klar, dass eine Sichel völlig anders hergestellt wird als Speerspitzen und die wieder ganz anders als ein kunstvoll geformter Dolch- oder Schwertgriff.
Natürlich habe ich mir alles notiert. Ich habe mitgeschrieben, bis mir die Finger schmerzten. Bilder habe ich auch für euch gemalt. Aber nun sind mir meine Zettel völlig durcheinander geraten. Hilfe!"

Du hilfst Ferdi, alles zu ordnen.

————————————————

Hast du die Notizzettel den drei Bilderfolgen der Reihe nach zugeordnet, erhältst du ein Lösungswort. Es benennt einen Gegenstand, den man benötigte um dem Schmelzofen Frischluft zuzuführen. Nur so erreichte man Temperaturen von über 1000 °C, die nötig sind um Metall zu verflüssigen.

Der offene Herdguss

Der Schalenguss

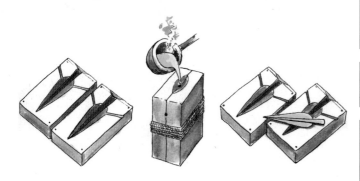

Gießen in der verlorenen Form

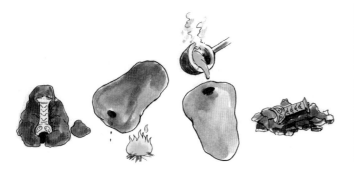

Die Tonform wird dann im Herdfeuer hart gebrannt, wobei das Wachs schmilzt und durch einen Kanal abfließt. **(B)**

Wenn ich die flüssige Bronze nun schnell von oben in die zusammengebundene Form eingieße, entweicht zischend die Luft durch kleine seitliche Öffnungen. **(S)**

In den so entstandenen Hohlraum gieße ich die flüssige Bronze. **(A)**

Ein auf diese Weise entstandener Bronzegegenstand ist einmalig. Es ist ein Einzelstück, das sich von allen anderen Dolchgriffen unterscheidet. **(G)**

Klar, dass die in solchen Formen gegossenen Geräte nur auf einer Seite geformt sind. **(L)**

Der Griff eines Dolches jedoch ist schwieriger herzustellen. Mit all seinen Verzierungen forme ich ihn zunächst aus Wachs und umhülle ihn mit Tonerde. **(E)**

Am nächsten Tag, wenn die Bronze erkaltet ist, zerschlage ich die Tonform. Leider ist sie damit verloren. **(L)**

Ich gieße die flüssige Bronze einfach in eine flache Vertiefung, die ich in eine Sandsteinplatte gekratzt habe. Das ist meine Form. **(B)**

Deshalb brauche ich, um z.B. eine Speerspitze herzustellen, auch zwei gleiche Gussformen, die aneinander gefügt und zusammengebunden werden. **(A)**

# Im Erzbergwerk

Ferdinand Flint ist zeitreisensüchtig. Jetzt besorgt er sich sogar schon unterirdisch seine Informationen. Im Schacht eines Erzbergwerkes trifft er auf Kuno, einen Bergmann, der ihm seine Geschichte erzählt.

Durch das laute Klopfen der Hämmer anderer Bergleute hat Ferdi nicht alles mitbekommen. Wieder zu Hause hockt er vor seinen Aufzeichnungen und versucht die Lücken zu füllen. Folgende Schlüsselwörter hat er schon notiert. Aber erstens sind es drei zu viel und auch die Reihenfolge stimmt nicht. Du hilfst!

Ackerbau, Dorf, Erdspalt, Feuer, Gold, Hitze, Hochofen, Holzkohlenmeiler, Kupferader, Kupfererz, Oberfläche, Schacht, Schmelzmeister, Sprengmeister, Sprengwirkung, Stein, Wasser

„Vor ein paar Jahren habe ich mit meiner Familie mein _____ verlassen und mich hier angesiedelt. Die Gegend ist reich an _____. Ich hatte damals einfach die Nase voll vom _____ , der anstrengend war und nur wenig einbrachte. Doch ob ich mich wirklich verbessert habe, weiß ich nicht. Anfangs war die Erzsuche eine leichte Tätigkeit, die viel einbrachte. Die Kupfererzbrocken lagen an der _____

oder in einem _____. Wir brauchten die Schätze nur einzusammeln. Mittlerweile ..., du brauchst dich nur umzuschauen um zu erkennen, dass das hier kein Zuckerschlecken mehr ist.

Wir hocken hier in einem _____, den wir tief in den Berg getrieben haben. Wir mussten der _____ immer weiter folgen. Dort drüben, wo das _____ lodert, ist im Augenblick das Ende unseres Stollens. Durch die _____ reißt das Gestein. Wir helfen noch nach, indem wir kaltes _____ darüber gießen. Zusammen hat das eine richtige _____.

Wenn wir die Brocken dann ans Tageslicht befördert haben, löst ein _____ das Kupfer später aus dem Gestein heraus. Das geschieht in einem _____. Durch die große Hitze wird das Metall flüssig und trennt sich so vom _____. Du fragst, ob mir meine Arbeit Spaß macht? Scher dich zum Teufel! Ich muss jetzt weitergraben. Vielleicht finde ich ja bald eine bessere Tätigkeit.“

Ibru, ein Händler von der Ostseeküste, erzählt:
„Stellt euch vor, wie sich mein Leben verändert hat. Früher zogen die Ochsen meinen Pflug. Jetzt ziehen sie meinen Wagen. Transporte und Handel bringen viel mehr ein als Ackerbau und Viehzucht. Freunde von mir sind auch umgestiegen. Sie befördern Waren mit seetüchtigen Booten aus Eichenplanken. Aber Wasser ist nicht meine Welt. Mir wird speiübel bei diesem Geschwanke auf den Wellen. Habe ich Zinn geladen, dann sind meine Freunde mit im Geschäft. Ich hole es von ihren Schiffen ab und bringe es ‚an den Mann'.

Aber Zinn ist nicht alles. Mein Gespann transportiert Tauschwaren aller Art: Häute, Felle, Honig, Wachs und Rohstoffe wie Kupfererz, Zinn und Bernstein. Bernstein ist etwas Besonderes. Das ‚Gold des Nordens' habe ich schon oft gegen richtiges Gold eintauschen können.

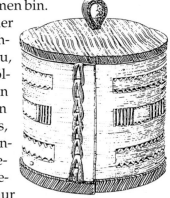

Das Beste jedoch sind die vielen Neuigkeiten, die ich erfahre, wenn ich mit Händlern aus fremden Ländern zusammen bin. Meine Frau staunt immer wieder, was ich alles berichte. Sie hört fasziniert zu, wenn ich von anderen Völkern, neuen Erfindungen und fremden Götterkulten rede. Sie ist sprachlos, wenn ich ihr von den Abenteuern des Odysseus berichte. Ich weiß noch zu wenig darüber, aber das ist nur eine Frage der Zeit. Um den Hals fällt sie mir allerdings nur dann, wenn ich neue Modetrends aufgetan habe und ihr Außergewöhnliches, wie Duft- und Räucherwerk oder edlen Schmuck, mitbringe. Mir gefällt's!"

Löse das Rätsel und die Buchstaben in den markierten Feldern verraten dir, was sich im Berufsleben langsam entwickelte.

Dies transportiert Ibru mit seinem Wagen.

Legierung aus Kupfer und Zinn

Transportmittel auf dem Wasser

Dafür interessiert sich Ibrus Frau am meisten.

Sie ziehen den Wagen.

Das „Gold des Nordens"

Süße Tauschware

Ibrus neuer Beruf

Rohstoff

Auch dies bringt Ibru von seinen Reisen mit.

— — — — — — — — — — — — — —

# Bronzezeitmode

Schneide die (zuvor kopierten) Puzzleteile aus. Fügst du sie richtig zusammen, so erhältst du drei bronzezeitliche Kleidungsstücke[1]. Bekleide damit das abgebildete Paar auf der nächsten Seite, indem du die passenden Teile (auf einer Kopie) aufklebst.
Beschreibe dann dieses bronzezeitliche Outfit.

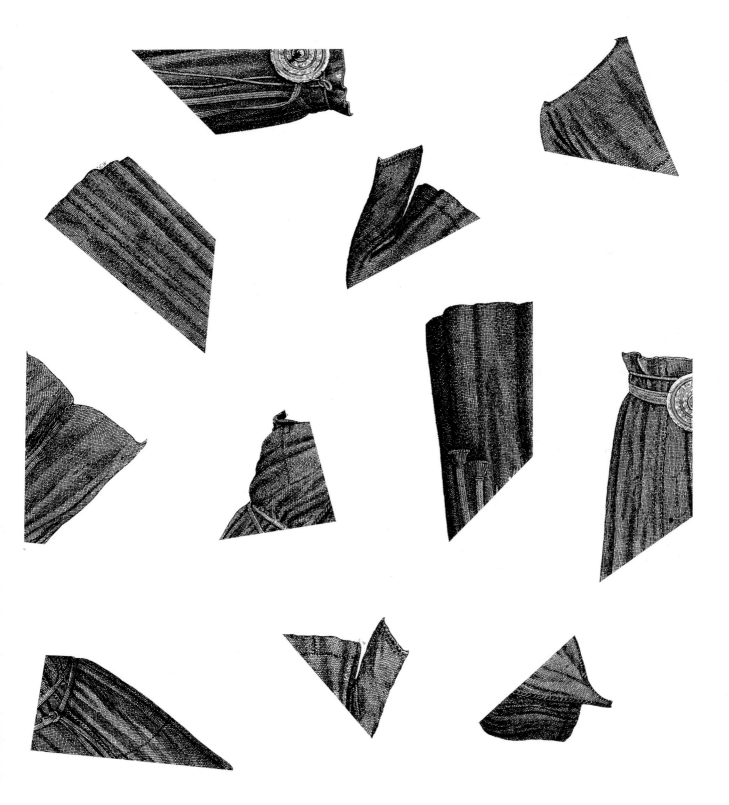

---

[1] Die Originale wurden in Eichensärgen gefunden.

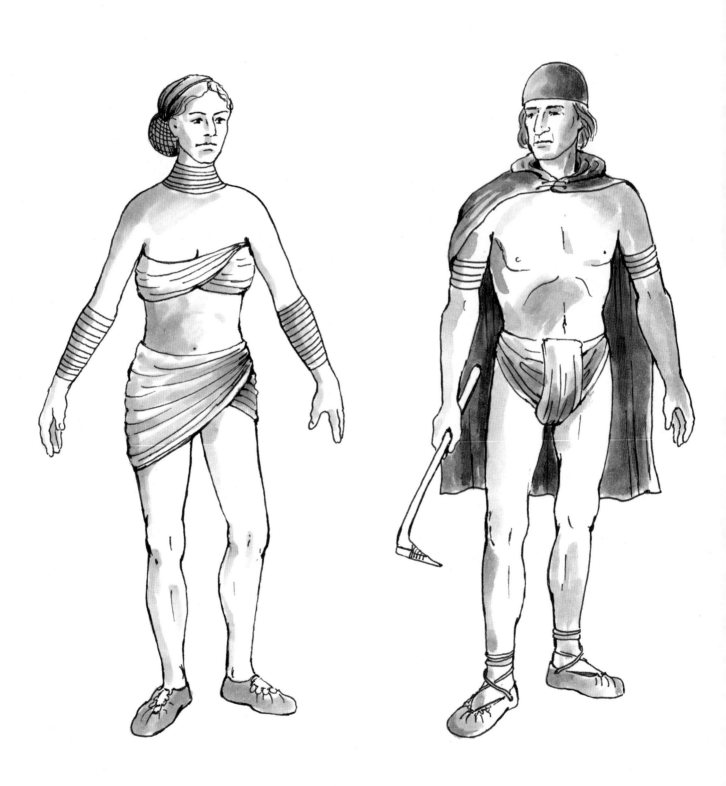

# ❑ Eine Schmuckplatte für den Gürtel (Bastelanleitung)

Diese Schmuckplatte aus dünnem Bronzeblech wurde als Schmuck vorn am Gürtel getragen. Die Scheibe selbst, die Kreise und Spiralen stellen wohl Sonnensymbole dar.

Bastelanleitung:
Material: eine dicke Metallfolie (bronze- oder goldfarben),
       ein großer Nagel oder eine dicke Sticknadel,
       eine weiche Unterlage (z.B. Tischset)
Schneide die Folie in der Größe der abgebildeten Schmuckplatte aus. Ritze mit der Nagel- oder Nadelspitze Linien und Spiralen ein.
Beachte ihren Verlauf auf der Vorlage.
Gestalte die Schmuckplatte aber nach deinen Vorstellungen.

# ☐ Bronzeschmuck (Bastelanleitung)

Knöpfe und Knopflöcher oder gar Reißverschlüsse kannten die Menschen in der Bronzezeit noch nicht. Sie benutzten verschiedene Formen von Kleiderfibeln um ihre Gewänder zusammenzuhalten.
Die hier abgebildete Wellenfibel ist ein außergewöhnlich schönes Stück. Sie wurde bei Ausbaggerungsarbeiten im Main gefunden und ist im Museum für Vor- und Frühgeschichte in Frankfurt ausgestellt.

Einfachere Schmuckanhänger, bei denen ihr die Spiraltechnik anwendet, könnt ihr auch selbst herstellen. Mit dieser Technik fertigt ihr verschiedene Schmuckstücke in bronzezeitlichem Stil an, z.B. Fingerringe, Armringe oder Kettenanhänger.

Bastelanleitung:
Material: (Kupfer-)Draht und eine Kombizange
Für eine Spirale, die wie eine Lakritzschnecke aussieht, brauchst du ein ca. 25 cm langes Drahtstück. Du biegst mit der Zange aus einem Ende des Drahtes einen kleinen Haken, hältst ihn mit der Zange gut fest und rollst den Draht zu einer Spirale auf.
Nach einigen Umdrehungen kannst du die Zange weglegen und die Spirale zwischen Daumen und Zeigefinger weiterdrehen. Achte darauf, dass der Draht nicht seitlich abrutscht, sodass eine flache Spirale entsteht.

## Der Sonnenwagen von Trundholm (Dänemark)

Die Sonne war den Menschen der Bronzezeit heilig. Sie war das Zentrum der bronzezeitlichen Glaubensvorstellungen. Sie gliederte den Tagesablauf der Menschen und war wie ein Kalender, nach dem die Menschen ihr Leben ausrichteten.

So stellten sich die Menschen der Bronzezeit den Lauf der Sonne vor: Ein Pferd zieht die goldene Sonnenscheibe auf einem Wagen über den Himmel.

Dieser in Dänemark gefundene Sonnenwagen ist nicht mehr vollständig erhalten. Deine Aufgabe ist es, ihn zu restaurieren. Ergänze (auf einer Kopie) alles, was unvollständig ist.

# Geheimnisvolle Felsbilder

Diese Felsbilder wurden von Künstlern der Bronzezeit in den Fels geschlagen.
Was mögen sie wohl bedeuten?

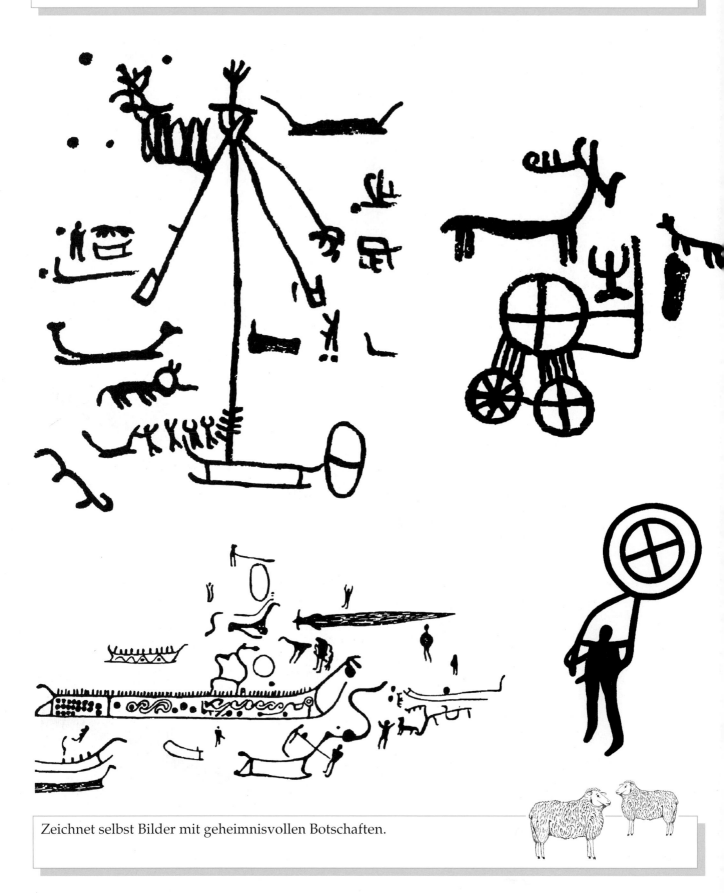

Zeichnet selbst Bilder mit geheimnisvollen Botschaften.

# Die Eisenzeit – das Zeitalter der Kelten

## ☐ Zu Besuch bei Asterix und Obelix

Wer kennt es nicht, das kleine, unbeugsame gallische Dorf?

Und hier sind sie auch schon, unsere gallischen Helden: Asterix, Obelix und sein Idefix, Majestix, Miraculix, Troubadix und wie sie alle heißen. Beschrifte die Bilder.

Alles frei erfunden oder gab es sie wirklich, die mutigen gallischen Krieger, Druiden und Barden? Mehr darüber auf den nächsten Seiten.

Übrigens: Der Name „Gallier" stammt von den Römern und bezieht sich auf die Bewohner des heutigen Frankreich. Von den Griechen wurden sie „keltoi" genannt, die Kelten.

Sie waren einst das mächtigste Volk Europas und beherrschten das Gebiet vom heutigen Ungarn über Österreich, Tschechien, die Schweiz, Süddeutschland und Frankreich bis hinauf zu den britischen Inseln.

# ☐ So sind sie, die Kelten

„Schauen wir sie uns doch mal genauer an, die Kelten. Dazu ist es gar nicht nötig, weit zu reisen, um auf Asterix' und Obelix' Spuren zu wandeln. Nichts liegt näher, als eine Zeitreise nach Süddeutschland, denn Kelten gab es auch bei uns. Also ab ins 6. Jahrhundert v. Chr.

Ich traue meinen Augen nicht. Dies hier ist kein einfaches Keltendorf, sondern eine richtige Festung. Hier oben, im Inneren der Mauern, herrscht ein geschäftiges Treiben von Händlern, Handwerkern, Käufern und Schaulustigen. Ich beobachte alles noch ungläubig, da hat mich plötzlich eine Gestalt mit wüsten Haaren und langem Schnauzbart am Wickel. Ich habe das Gefühl, den werde ich nicht wieder los. Er schleppt mich von einem Ort zum anderen und redet pausenlos auf mich ein. Sein Name ist Asuro, aber bei mir hat er den Namen Prahlefix weg. Im Handwerkerviertel

Die Heuneburg an der Donau (Rekonstruktionszeichnung einer Keltensiedlung)

preist er mir die Künste der Goldschmiede, Töpfer und Bronzegießer in den höchsten Tönen an. Alles ist super, am besten und schönsten. Aber leider auch am lautesten! Hier herrscht ein ziemlicher Lärm. Meine Ohren dröhnen vom Klopfen und Hämmern der Schmiede. Sie stellen Schwerter her und überziehen Speichenräder für die verschiedensten Wagen mit Eisenmänteln. ‚Neu, neu, neu!', brüllt er mir ins Ohr. ‚Das ist Eisen, viel härter als Bronze. Daraus sind jetzt unsere Waffen.' Ich will noch schauen, doch schon zieht er mich weiter.

Hier ist ein großes Zentrum entstanden, das direkt an einer wichtigen Handelsroute zu den Mittelmeerländern gelegen ist. Hier wird ständig be- und entladen. Man betreibt Tauschhandel mit den entferntesten Ländern.

Voller Stolz berichtet mein ‚Schatten' vom ‚weißen Gold', das sie hier ‚hal'[1] nennen. Bis ich dahinter komme, was er meint, sind wir schon bei einem Weinhändler, der große Mengen Wein in Krügen und Bronzegefäßen aus Griechenland herangeschafft hat.

‚Wir gewinnen ‚hal' in unseren Salzbergwerken und Salinen und tauschen es ebenso wie unsere Bronzegefäße, Tonkrüge, Werkzeuge, Langschwerter und

anderen Waffen gegen Wein, Rohglas, Korallen und vieles mehr. Ja, unsere Händler sind schon klasse.'
Mit diesen Worten zerrt er mich zu den Pferdehändlern.

‚Und hier siehst du die besten Pferde. Sie ziehen die absolut schnellsten Wagen mit Speichenrädern. Aber das ist nicht alles: Wir haben auch die verwegensten Reiter und tapfersten Krieger, die weisesten Priester, die lautesten Sänger und großzügigsten Fürsten. Wir sind in allem Spitze, auch im Beutemachen. Bald werden wir uns mit Römern und Griechen im Kampf messen!'

Meine Ohren haben längst auf Durchzug gestellt. Ja, so sind sie, diese Kelten, clevere Prahlefixe, die schnelle Pferde, schnelle Wagen und eisenharte Waffen lieben. Immer ‚in action': schnelle Siege, leichte Beute. Eigentlich sind sie mir gar nicht so unsympathisch, aber: Wie werde ich den Kerl nur wieder los?"

---

[1] „hal" ist die keltische Bezeichnung für Salz. Die heutigen Städtenamen wie Hallein, Bad Reichenhall, Schwäbisch Hall oder Hallstadt belegen, dass hier schon die Kelten vor mehr als 2.000 Jahren Salz gewonnen haben.

Während sich unser Ferdi noch mit dem „Prahlefix" herumschlägt, schreibst du schon mal den Keltenreport: „Echt cool, diese Kelten."

# Das Outfit der Kelten: Tattoos und gestylte Trendfrisuren

„Ja, ich bin's wieder, euer Ferdi! Immer noch bei den Kelten. Ich hab sie euch ja schon beschrieben. Aber ich weiß, dass ihr ganz genau wissen wollt, wie sie aussehen. Ich sag euch, Furcht erregend: Haare rotblond und zottelig wie Pferdemähnen, Schnauzbärte, wild und struppig. Die Kleidung der Kelten ist echt grell: von oben bis unten bunt gemustert. Diese großen Karos erinnern mich an ein Schottenmuster. Sie tragen lange Hosen (bracce), die von breiten Gürteln gehalten werden. Da fällt mir auf: Fast alle sind sehr schlank hier. Na, kein Wunder! Wer bei denen den Gürtel nicht mehr zubekommt, wird bestraft. Keine Chance für Dickbäuche.

Ihre Augen sind auch irre. Sie blitzen mich an wie Waldteufel. Aber wenn sie erst den Mund auftun! Ich kann nur sagen: Alles Maulhelden, sie protzen und prahlen. Aber das wisst ihr ja schon.

Je reicher sie sind, desto mehr Schmuck tragen sie. An den linken Armgelenken mancher Männer stapeln sich die bronzenen und goldenen Armreifen nur so. Die Adligen tragen dicke Halsringe, die sie Torques nennen. Sie sollen eine magische Bedeutung haben und den Träger beschützen. Warum bemerke ich eigentlich erst jetzt die Tätowierungen, die sie überall am Körper haben? Und dann ihre Frisuren! Die adligen Krieger tragen topmodische Trendfrisuren. Ihre fast weißen Haare haben sie von vorn nach oben gekämmt. Und das alles ohne Gel und moderne Haarfärbemittel. Ihr Trick: Sie feuchten einfach ihr Haar mit Kalkwasser an.

Doch was ist das?

Plötzlich weichen alle ehrfürchtig zur Seite. Fürst Dumnorix erscheint mit seiner Frau Litussa. Das nenne ich ein schönes Paar. Auch ich mache Platz und verneige mich vor ihnen. Als der Fürst mich er- blickt, stutzt er. Er ist erstaunt, hier einen Fremden zu sehen. Aber er ist sehr freundlich und ehe ich mich versehe, bin ich zu einem Festessen eingeladen."

Beschreibe das Outfit des keltischen Fürstenpaares.

Was gilt heute als modisch und besonders trendy?

Sammelt Werbeanzeigen, Bilder, Infos, … und stellt eine Wandzeitung zusammen: Modetrends früher und heute.

Aus Sicherheitsgründen hat Ferdinand Flint seinen Text verschlüsselt. Zahl = Buchstabe im Alphabet. Aber die Zahlenkombinationen stehen nicht einmal an der richtigen Stelle. Der muss vor Angst ganz schön gezittert haben. Also nicht gleich einsetzen, sondern erst übersetzen und dann überlegen.

„Also, diese (5  9  3  8  5  14) _____ sind mir unheimlich. Volle Deckung ist heute angesagt. Ergreift man mich an dieser heiligen Stätte, dann bin ich geliefert. Noch gestern tagte hier das (8  5  9  12  13  9  20  20  5  12) _____ und verurteilte einen Mörder zum Tode.

Ihr fragt euch, wo ich mich befinde? Bin den (11  18  1  14  11  8  5  9  20  5  14) _____ bis tief in den Wald nachgeschlichen. Am sechsten eines jeden Monats ziehen sie zu dieser von (11  5  12  20  5  14) _____ überragten (19  9  3  8  5  12) _____. Und heute ist dieser Tag. Rund um die knorrigste Eiche stehen sie in ihren weißen Gewändern mit einer goldenen (11  18  15  14  5) _____ in ihrer Hand. Was um alles in der Welt wollen sie heute hier und warum zerren sie zwei riesige weiße (4  18  21  9  4  5  14) _____ mit? Da im Augenblick nicht viel passiert, kann ich euch das komische Wort ‚Druiden' erklären. Es bedeutet so viel wie (19  20  9  5  18  5) _____. Ja, den Kelten sind die Bäume und speziell die Eichen heilig. Und über alles, was heilig war, wissen die Druiden besonders gut Bescheid. Sie scheinen ja auch mit den Göttern in engstem Kontakt zu stehen. Stellt euch vor, die Ausbildung zum Druiden dauert 20 Jahre. Klar, sie müssen ihr ganzes geheimes Wissen auswendig lernen. Bücher zum Nachschlagen gibt es ja nicht. Die Druiden sind (15  16  6  5  18) _____ und Richter in einer Person. Sie beobachten auch den Lauf der Gestirne und haben einen Kalender erfunden, in dem es gute und schlechte Tage gibt. Wenn also heute nicht euer Glückstag ist, so wisst ihr, woran es liegt.

Jetzt tut sich was. Der kann ja klettern wie ein Affe! Schon hockt einer der Druiden mit seinem langen, weißen Gewand hoch oben in der (11  21  12  20  19  20  1  5  20  20  5) _____ einer Eiche und beginnt mit seiner goldenen Sichel Mistelzweige abzuschneiden, die die anderen in weißen Tüchern auffangen. Danach nähern sich die Druiden den weißen Stieren und geben unverständliche Laute von sich. Es müssen wohl irgendwelche magischen Formeln sein. Jetzt töten sie die Tiere. Wahrscheinlich ein (7  5  18  9  3  8  20) _____ für die (16  18  9  5  19  20  5  18) _____, denn alle erheben ihre Arme zum Himmel, die Mistelzweige in den Händen. Das unheimliche Gemurmel der Druiden wird immer lauter und beängstigender.

Offensichtlich bitten sie die Götter ihr Geschenk anzunehmen und den Mistelzweigen magische Kräfte zu verleihen.

Ich habe schon gehört, dass sie diese Zweige als (5  9  3  8  5  14  11  21  14  4  9  7  5) _____ verwenden und so dem Körper Gifte entziehen. Böse (23  21  14  4  5  18  13  9  20  20  5  12) _____ versucht man so zu heilen. Der frisch gepresste Saft, aber auch zerquetschte Mistelblätter sollen wahre (7  15  5  20  20  5  18) _____ sein. Ob diese Miraculixe auch einen richtigen Zaubertrank zusammenbrauen? Wer weiß."

# ❐ Auf in den Kampf

Die drei Vokale a, o, u haben die Keltenschlacht nicht „überlebt". Ferdis Text ist so nicht lesbar. Dabei hat er eine spannende Geschichte geschrieben. Wär doch schade, wenn drei fehlende Buchstaben alles ruiniert hätten.

„H___ll___, hier ist Ferdi! H___be mich in einem gr___ßen Reisigh_____fen vesteckt. Der Lärm ___m mich her___m wird immer l_____ter. V___n ___llen Seiten Schl___chtr___fe ___nd K___mpfgesänge. Fürst D___mn___rix ist _____f gr___ßem Be___tez___g. Der _____fm___rsch gegen den Feind ist in v___llem G___nge: Immer näher rücken D___mn___rix' Krieger gegen den Gegner v___r.

‚TÖÖÖÖÖÖÖÖÖÖÖT!' Der g___nze Reisigh_____fen m___ss gew___ckelt h___ben. S___ h___t mich dieser m___rkerschütternde T___n erschreckt. W___s w___r d___s? Erst jetzt sehe ich die riesigen Hörner[1], die einige v___n D___mn___rix' M___nnen mit sich schleppen. Verziert sind sie mit gr___ßen Tierköpfen, w___s sie n___ch ___nheimlicher wirken lässt.

Jetzt geht's l___s. Gleich werden sie _____fein___nder einschl___gen.

D___ch w___s ist d___s? D___mn___rix lässt seinen Kriegern jetzt erst einm___l einen Tr___nk _____sschenken. D___s Gröhlen wird d___n___ch n___r n___ch l_____ter. ___lk___h___l? S___ k___rz v___r der ___lles entscheidenden Schl___cht? Verstehe einer diese Kelten!

Sie müssten d___ch jetzt endlich z___schl___gen. St___ttdessen präsentieren die Kelten ihren verschreckten Gegnern z___nächst eine blitzende W___ffensch_____. Krieger, Pferde ___nd Streitw___gen der Kelten j___gen in einem schnellen Hin ___nd Her f___st ___n der N___senspitze der ___nderen v___rbei. D___s ist j___ hier wie im Zirk___s!

___ber kl___r, Wichtigt___n ist ___berste Keltenpflicht. D___ch jetzt ___rdnen sich D___mn___rix' Reihen ein wenig. Die einf___chen Krieger tr___gen einen Speer mit Eisenspitze ___nd einen h___hen Schild. Die ___deligen Kämpfer erkenne ich ___n ihrem L___ngschwert ___nd den Helmen mit h___hen _____fsätzen. S___ wirken sie viel größer ___nd gefährlicher ___ls ich sie in Erinner___ng h___be. Diese Helme mit Hörnern, V___gel- ___der ___nderen Tierfig___ren verfehlen ihre Wirk___ng _____f den Feind nicht. V___m Gefühl her bin ich _____f D___mn___rix' Seite ___nd d___ch schrecken mich seine Krieger mehr ___ls der Feind. N___ch ein Sch___ck! In den v___rdersten Reihen der Kelten stehen plötzlich völlig N___ckte. D___s Einzige, w___s sie tr___gen, ist eine F___rcht erregende Kriegsbem___l___ng. Schrille Töne ___nd L_____te geben sie v___n sich ___m den Gegner in ___ngst und Schrecken z___ versetzen.

Jetzt reicht's ___ber. Ich zittere ___m g___nzen Körper ___nd h___lte mir die ___hren z___. D___ch es nützt ___lles nichts. Ich sehe, wie die Kelten n___n z___ einem plötzlichen ___nst___rm ___nsetzen. Der Gegner wird blitzschnell überr___nnt. Die Überlebenden l_____fen in P___nik in ___lle Richt___ngen _____sein___der. Sie rennen ___m ihr Leben. Schnelle Siege, leichte Be___te! S___ ___ls___ geht d___s ___b. Ich hätte es nie gegl_____bt, wenn ich es nicht mit eigenen _____gen gesehen hätte."

---

[1] Die Schlachthörner hießen bei den Kelten „carnyces".

Ob das mit den Zeitreisen zu tun hat? Jetzt hat Ferdi sogar schon englische Wörter in seinen Text hineingebracht.

Hier haben wir sie in alphabetischer Reihenfolge aufgelistet:

*animals (I), cups (R), dust (X), fans (T), fire (C), fun (V), hands (E), meat (R), mouth (N), piece (O), pig (G), presents (E), water (I)*

Du musst sie übersetzen und die deutschen Begriffe an den richtigen Stellen einsetzen. Die Leitbuchstaben, hintereinander gelesen, verraten dir den Namen eines berühmten gallischen Stammesfürsten, der sogar gegen Caesar gekämpft hat:

— — — — — — — — — — — — —

„Zeitreisen können auch richtig _____ machen. Ich bin eingeladen beim Festgelage des Keltenfürsten Dumnorix. Heute verteilt der Fürst großzügige _____. Das muss wohl ein äußerst erfolgreicher Beutezug gewesen sein. Alle sitzen sie mit dem Fürsten zusammen im Kreis auf Wolfs- oder Bärenfellen. Die Ranghöchsten sitzen dem Fürsten am nächsten. ‚Hoch die _____!' Hier trinken alle aus demselben Becher. Wahrscheinlich beschwören sie damit ihren Zusammenhalt und ihre Gemeinschaft. Große Fleischbrocken brutzeln in einem riesigen Bronzekessel, der über dem _____ hängt. Und dann die Fleischspieße! Mir läuft das _____ im _____ zusammen. Man johlt und singt. Ob sie die Barden außerhalb des Kreises noch hören, die Loblieder auf die tapferen Helden und ihre Taten zum Besten geben? Natürlich stimmen sie auch Schmählieder auf die Feinde an. Insgesamt ein Höllenlärm.

Und wie sie prahlen und protzen, diese keltischen Maulhelden.

Plötzlich Stille. Eine jähe Unterbrechung! Na, den Grund hätte ich mir denken können: Ein ganzes, am Spieß gebratenes _____ wird von den Dienern herbeigeschleppt.

Einer der Krieger, Ilo genannt, springt gleich auf und steht an vorderster Stelle. ‚Der tapferste Krieger bin ja wohl ich. Also gebührt mir das größte und beste Stück', schreit er. Schon wird eine riesige, knusprig gebratene Keule für ihn abgesäbelt. Eine wahre Heldenportion ist das, an der selbst Obelix seine Freude gehabt hätte. Gerade, als Ilo gierig seine _____ nach der Keule ausstreckt, prescht von hinten Turbo heran. Seine _____ wissen offensichtlich schon, was jetzt folgt, und unterstützen ihn mit ohrenbetäubendem Gekreische. War nicht Turbo der Tapferste in der Schlacht gestern? Dann gebührt doch ihm das größte _____.

Wie zwei Streithähne fallen sie über das _____ und übereinander her. Kein Wunder, dass den Galliern die Hähne heilige _____ waren (lat. galli = Hähne). Ich mach mich mal besser aus dem _____!"

„Schade, bin ein wenig zu spät eingetroffen. Die Beerdigungszeremonien sind schon vorbei. Da stehe ich jetzt vor der verschlossenen Holzgrabkammer und kann nicht einmal mehr einen Blick hineinwerfen. Gut, dass man das Grab nicht schon mit einem Grabhügel bedeckt hat.

‚Was machst du hier?' Diese donnernden Worte hätten mich fast von den Beinen gehauen. Ich wirbele herum und erblicke erst einmal nur eine zottlige Mähne. Ich stottere herum. Allmählich wird der Grabwächter freundlicher und ich erfahre von ihm Folgendes:

‚Unser großer Stammesfürst ist gestorben und hier mit allen Ehren bestattet worden. Ein wahrlich stolzer Mann, ungewöhnlich groß: 1,87 m. Jagen, Fischen und Feiern, das waren im Leben seine Leidenschaften.'

Zu gerne möchte ich ja einen Blick ins Innere werfen. Ich brauche auch gar nicht lange zu bitten. Schon hat der Wächter die Tür der Grabkammer einen Spalt breit geöffnet.

Was ich sehe, lässt mir den Atem stocken. Kein Wunder, dass die Kelten keine Angst vor dem Tod haben. Dieser Keltenfürst braucht im Totenreich ja auf nichts von dem zu verzichten, was ihm im Leben wichtig war. Wie ein Schlafender liegt er an einer Seitenwand auf einer Bronzeliege, die mit Fellen und Decken gepolstert ist. Sein Kopf ruht auf einem Kissen. Man hat ihm seine Prunkkleidung angelegt, einschließlich des Hutes aus Birkenrinde. Auch seine Jagdwaffen trägt er bei sich.

Ich erkenne einen Dolch in einer Scheide aus Bronze, einen Köcher mit Pfeilen, drei eiserne Angelhaken, eine Eisenaxt, Messer, eiserne Lanzenspitzen. An Schmuck fehlt es ihm auch nicht: Schlangenfibeln aus Bronze, am Hals eine Kette mit fünf Bernsteinperlen, zusätzlich einen Halsring aus Gold, goldene Armreife, nicht zu vergessen die goldenen Schuhbeschläge.

Aber das ist ja noch längst nicht alles. Für das Leben im Jenseits braucht man auch nützliche Kleinigkeiten: eine Tasche mit Nagelschneider, Rasiermesser, Kamm, ein Trinkservice, bestehend aus neun Trinkhörnern, die mit Goldbändern geschmückt sind, Speisegeschirr (drei Bronzeschüsseln und neun Bronzeteller). Ich komme gar nicht dazu, mir Gedanken über die wohl bedeutsame Zahl neun zu machen. Zu viel ist hier noch zu entdecken. Mein Blick fällt auf einen riesigen Bronzekessel, halb mit einem fein gewebten Tuch abgedeckt, auf dem eine goldene Schöpfschale liegt. Nicht schlecht, sich mit ca. 500 l Honigmet für die weite Reise ausgestattet zu wissen. Und jetzt zum größten Stück dieser mit kunstvoll gewebten, bunten Stoffen ausgeschmückten Grabkammer. Ich würde es nicht glauben, wenn ich es nicht mit eigenen Augen gesehen hätte: ein vierrädriger Prunkwagen und dazu Geschirr für zwei Pferde. Eigentlich wundert es mich, die Pferde nicht auch noch hier zu erblicken. Ich habe genug gesehen. Möge der Fürst in Frieden ruhen. Beeindruckt verlasse ich zusammen mit meinem Begleiter das Fürstengrab. Erst als ich draußen bin, fällt mir auf, dass wir beide kein Wort gesprochen haben."

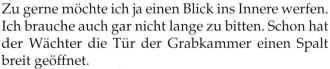

Auf der nächsten Seite findest du die Rekonstruktionszeichnung der Grabkammer. Was entdeckst du alles von dem, was in Ferdis Bericht erwähnt ist? Vielleicht hast du ja auch noch schärfere Augen und erkennst weitere Grabbeigaben. Beschrifte die Zeichnung.

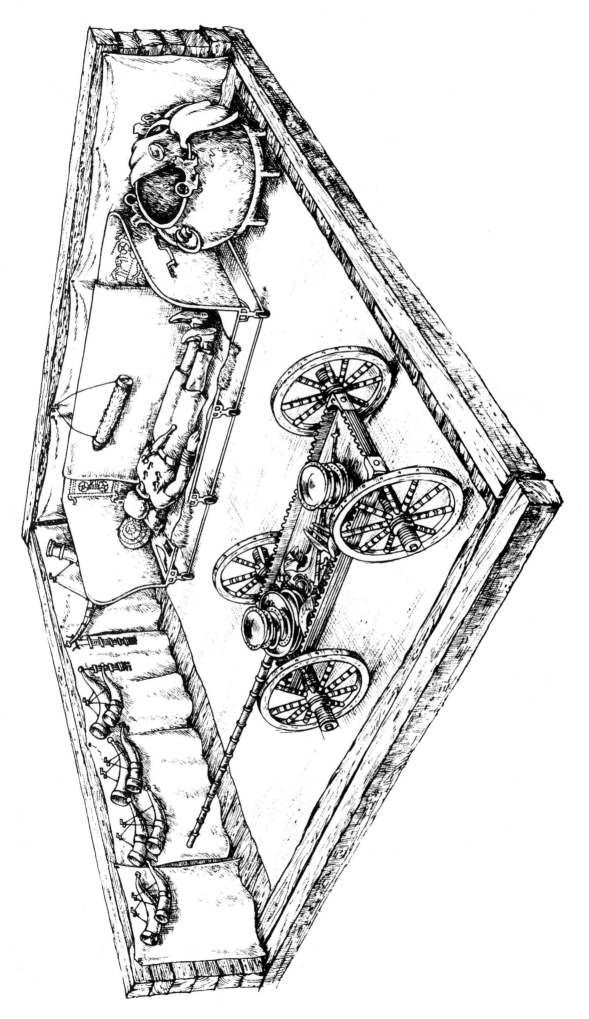

Ausflugstipp: Noch heute könnt ihr die rekonstruierte Grabkammer des Keltenfürsten bewundern, nämlich im Keltenmuseum in Hochdorf bei Stuttgart.

# ☐ Museen stellen sich vor

Wir wollen euch jetzt einige Museen vorstellen, die tolle Ausstellungen zur Ur- und Frühgeschichte zeigen und euch viele spannende Abenteuer durch Aktionsangebote bieten. Hier könnt ihr euch, wie Ferdi, auch einmal auf eine Zeitreise begeben und die Ur- und Frühgeschichte hautnah erleben.
Geht aber auch selbst auf Entdeckungsreise und macht weitere interessante Museen ausfindig. Stellt dann „eure" Museen mit Bildern und Infotexten vor.

## NEANDERTHAL MUSEUM
Talstraße 300, 40822 Mettmann
Öffnungszeiten: Dienstag bis Sonntag: 10 bis 18 Uhr
Internet: www.neanderthal.de

Anmeldung von Führungen im Museum und Veranstaltungen
in der Steinzeitwerkstatt:

Di, Mi, Do: 9 bis 13 Uhr und 14 bis 15.30 Uhr unter
Tel.: 02104-979715 – Fax: 02104-979724

E-Mail: fuehrung@neanderthal.de

Der legendäre Ort **Neandertal** ist für uns Veranlassung, die Entwicklungsgeschichte der Menschheit zu erzählen – von den Anfängen in den afrikanischen Savannen bis in die Gegenwart hinein.
Das **Neanderthal Museum** ist ein multimediales Erlebnismuseum.
Es bietet neben der klassischen Präsentation von Objekten und Texten spannende Inszenierungen, Hörtexte, Filme und interaktive PCs, die der Vertiefung dienen.

Den besten Einstieg in das komplexe Thema unserer **Ausstellung** finden Sie durch unser speziell geschultes Führungspersonal. Die Führungen bieten umfassende Einblicke in die Dauerausstellung, vermitteln die zentralen Botschaften des Hauses, ermöglichen den direkten Kontakt mit Objekten und schaffen den Zugang zu allerneuesten **Forschungsergebnissen.** Mit unseren drahtlosen Führungskopfhörern ist ein optimales akustisches Verstehen garantiert.

In unserer **Steinzeitwerkstatt** werden besondere Veranstaltungen zur Didaktik der Steinzeit angeboten: Vorführungen steinzeitlicher Grundtechniken, Mitmachaktionen, Ferienveranstaltungen, Erlebnisgeburtstage, Seminare zum Bau von Jagdwaffen nach prähistorischen Vorbildern. Ein breites Angebot außergewöhnlicher Veranstaltungen steht Ihnen offen.

## MUSEUM FÜR VOR- UND FRÜHGESCHICHTE FRANKFURT
60311 Frankfurt am Main, Karmelitergasse 1
(Ecke Alte Mainzer Gasse)

**Öffnungszeiten:** Dienstag bis Sonntag 10 bis 17 Uhr
Montags geschlossen
**Information:** 069-212-35896

Das Museum zeigt Forschungen zur lokalen und internationalen Archäologie in Ausstellungen und Publikationen.
Dauerausstellung mit archäologischen Objekten zur Geschichte Frankfurts und seiner Umgebung:
– Vorgeschichte von der Steinzeit bis zur Bronze- und Eisenzeit
– Römerzeit (Funde aus der römischen Siedlung NIDA-Heddernheim)
– Funde aus dem frühen Mittelalter
– Funde aus der Altstadtgrabung vom Frankfurter Domhügel

Außerdem kann man eine umfangreiche Sammlung bemalter griechischer Vasen und antiker Gläser (Antikensammlung) sowie die Abteilung *Vorderasiatische Archäologie* besuchen.

Die Mitarbeiter des Museums bieten Führungen, Seminare und Werkstätten für Erwachsene, Kinder und Jugendliche an. Jeden Sonntag um 11 Uhr finden Führungen in der Dauerausstellung statt. Einige sind als Familienführungen ausgewiesen. Die Teilnahme von Kindern ist erwünscht!

## FORSCHUNGSINSTITUT UND NATURMUSEUM SENCKENBERG

Senckenberganlage 25, 60325 Frankfurt am Main
Internet: www.senckenberg.uni-frankfurt.de

Für eine Vielzahl betreuter Aktivitäten, für Vorträge, Führungen von Gruppen oder Schulklassen wenden Sie sich direkt an die Museumspädagogen, die Ihnen gerne etwas zu der breiten Angebotspalette des Hauses sagen.
Tel.: 069-7542357

Die Vielfalt des Lebens zu beschreiben, zu verstehen und zu bewahren, hat sich das Naturmuseum Senckenberg zur Aufgabe gemacht.

Auf ca. 7.500 m² erstreckt sich seit fast 100 Jahren eine Ausstellung, die die Entwicklungsgeschichte der Erde und die Evolution der auf ihr lebenden Tiere, Pflanzen und Menschen zeigt. Kaum hat man das Museum betreten, findet man sich unter den Giganten der Urzeittiere wieder. Riesige Saurierskelette ragen in den ersten Lichthof. Das Teilskelett eines Finwals überdeckt mit 24 m Länge fast die gesamte Seitenwand des zweiten Lichthofs. Immer wieder stehen die Besucher staunend unter den riesigen Skeletten der Urelefanten. Die Veränderungen, die sich im Rahmen von Anpassungen an äußere Bedingungen ergeben haben, werden deutlich.

In der Nachbarabteilung lässt sich durch die dort ausgestellten Skelette sowie begleitende Texte eine Menge über die biologische und kulturelle Entwicklung des Menschen in Erfahrung bringen. Wie mag der Ur- oder Vormensch ausgesehen haben? Wie waren die Lebensbedingungen zu der Zeit? Wovon hat er sich ernährt? Wieweit und auch warum hat sich der Körperbau verändert?
Dies sind nur einige von vielen Fragen, die dort teilweise beantwortet werden und denen die Forscher des Senckenberg Instituts nachgehen, wobei sie immer wieder auf neue und interessante Aspekte stoßen.

## KELTENMUSEUM HOCHDORF

Keltenstraße 2, 71735 Eberdingen-Hochdorf/Enz
Tel.: 07042-78911 oder 799402
Fax: 07042-799466
Internet: www.keltenmuseum.de
E-mail: buergermeisteramt@eberdingen.de

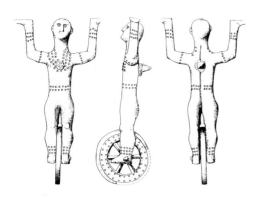

Öffnungszeiten:
Dienstag bis Sonntag 9.30 bis 12.00 Uhr
und 13.30 bis 17.00 Uhr
Montags geschlossen

Das 1968 entdeckte und 1978/79 untersuchte Grab von Hochdorf barg eine Sensation: die unberaubte Prunkbestattung eines frühkeltischen Fürsten.

Seine gut erhaltenen Funde gewährten zum ersten Mal tiefe Einblicke in die Welt der damaligen Herrscher.

Der 1985 wieder aufgeschüttete Grabhügel, das benachbarte Grabhügelfeld im „Pfaffenwäldle" und die keltische Siedlung vermitteln einen Eindruck, wie Hochdorf vor 2500 Jahren ausgesehen haben mag.

Die Qualität der Funde, die Anlage der Siedlung und andere Besonderheiten zeigen, dass hier damals ein Ort von hervorgehobener Bedeutung war.

Im Außenbereich des Museums wurde ein Gehöft rekonstruiert und nachgebaut.

Dazu gehören ein Wohnhaus, ein Grubenhaus (hier waren einst Webplätze und Bronzewerkstätten untergebracht), ein Speicher, ein Erdkeller und ein Garten. Im Haus sind ein Festgelage, ein Symposion nach etruskischem Modell und eine Küche eingerichtet.

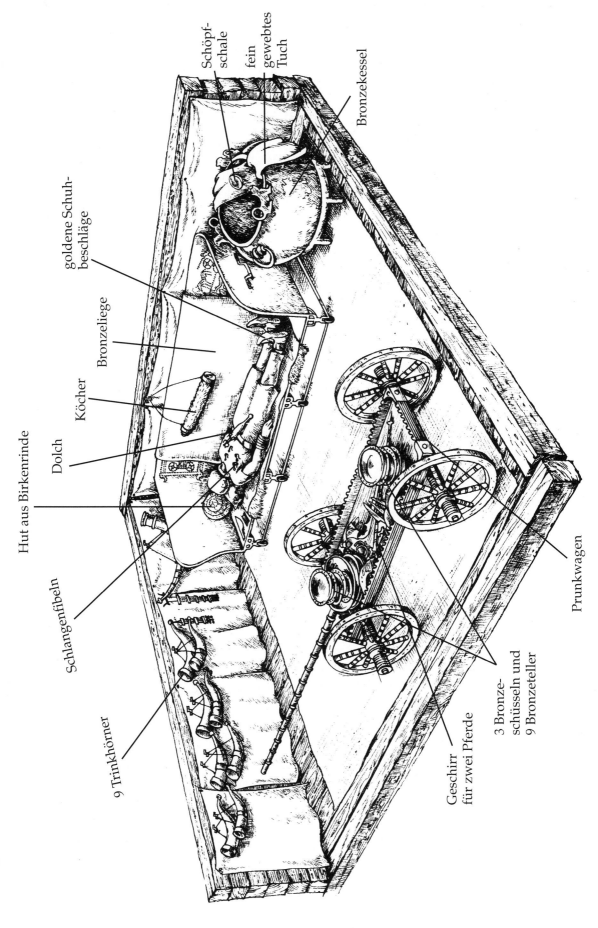

Schöpf-
schale

fein
gewebtes
Tuch

Bronzekessel

goldene Schuh-
beschläge

Bronzeliege

Köcher

Dolch

Hut aus Birkenrinde

Schlangenfibeln

9 Trinkhörner

Geschirr
für zwei Pferde

3 Bronze-
schüsseln und
9 Bronzeteller

Prunkwagen

## Lösung zu S. 78

Die in Buchstaben übersetzten Zahlenkombinationen müssen der Reihe nach so eingesetzt werden:

KELTEN, GERICHT, DRUIDEN, EICHEN, KULTSTAETTE, SICHEL, STIERE, EICHENKUNDIGE, PRIESTER, KRONE, OPFER, GOETTER, HEILMITTEL, KRANKHEITEN, WUNDERMITTEL

## Lösung zu S. 79

„Hallo, hier ist Ferdi! Habe mich in einem großen Reisighaufen versteckt. Der Lärm um mich herum wird immer lauter. Von allen Seiten Schlachtrufe und Kampfgesänge. Fürst Dumnorix ist auf großem Beutezug. Der Aufmarsch gegen den Feind ist in vollem Gange. Immer näher rücken Dumnorix' Krieger den Gegner vor. ‚TÖÖÖÖÖÖÖÖÖT!' Der ganze Reisighaufen muss gewackelt haben. So hat mich dieser markerschütternde Ton erschreckt. Was war das? Erst jetzt sehe ich die riesigen Hörner, die einige von Dumnorix' Mannen mit sich schleppen. Verziert sind sie mit großen Tierköpfen, was sie noch unheimlicher wirken lässt. Jetzt geht's los. Gleich werden sie aufeinander einschlagen.

Doch was ist das? Dumnorix lässt seinen Kriegern jetzt erst einmal einen Trank ausschenken. Das Gröhlen wird danach nur noch lauter. Alkohol? So kurz vor der alles entscheidenden Schlacht? Verstehe einer diese Kelten! Sie müssten doch jetzt endlich zuschlagen. Stattdessen präsentieren die Kelten ihren verschreckten Gegnern zunächst eine blitzende Waffenschau. Krieger, Pferde und Streitwagen der Kelten jagen in einem schnellen Hin und Her fast an der Nasenspitze der anderen vorbei. Das ist ja hier wie im Zirkus!

Aber klar, Wichtigtun ist oberste Keltenpflicht. Doch jetzt ordnen sich Dumnorix' Reihen ein wenig. Die einfachen Krieger tragen einen Speer mit Eisenspitze und einen hohen Schild. Die adeligen Kämpfer erkenne ich an ihrem Langschwert und den Helmen mit hohen Aufsätzen. So wirken sie viel größer und gefährlicher als ich sie in Erinne-

rung habe. Diese Helme mit Hörnern, Vogel- oder anderen Tierfiguren verfehlen ihre Wirkung auf den Feind nicht. Vom Gefühl her bin ich auf Dumnorix' Seite und doch schrecken mich seine Krieger mehr als der Feind. Noch ein Schock! In den vordersten Reihen der Kelten stehen plötzlich völlig Nackte. Das Einzige, was sie tragen, ist eine Furcht erregende Kriegsbemalung. Schrille Töne und Laute geben sie von sich, um den Gegner in Angst und Schrecken zu versetzen.

Jetzt reicht's aber. Ich zittere am ganzen Körper und halte mir die Ohren zu. Doch es nützt alles nichts. Ich sehe, wie die Kelten nun zu einem plötzlichen Ansturm ansetzen. Der Gegner wird blitzschnell überrannt. Die Überlebenden laufen in Panik in alle Richtungen auseinander. Sie rennen um ihr Leben. Schnelle Siege, leichte Beute! So also geht das ab. Ich hätte es nie geglaubt, wenn ich es nicht mit eigenen Augen gesehen hätte."

## Lösung zu S. 80

Die Übersetzungen der englischen Vokabeln müssen wie folgt in den Text eingefügt werden:

| | | |
|---|---|---|
| fun | = | Spaß |
| presents | = | Geschenke |
| cups | = | Tassen |
| fire | = | Feuer |
| water | = | Wasser |
| mouth | = | Mund |
| pig | = | Schwein |
| hands | = | Hände |
| fans | = | Anhänger |
| piece | = | Stück |
| meat | = | Fleisch |
| animals | = | Tiere |
| dust | = | Staub |

Der gallische Stammesfürst heißt: VERCINGETORIX.

## Lösung zu S. 82

Siehe dazu die Abbildung auf der folgenden Seite.

# Lösung zu S. 69–70

Hier die vollständige Bekleidung:

**Lösung zu S. 58**

Folgende Gegenstände sind wohl nicht aus der Jungsteinzeit: Satellitenschüssel – Fahrrad – Steckdose – Telefon – Axt – Schüppe – Säge – Lampe – Leiter – Fenster – Dachpfannen – Ziegelsteine – Hammer – Schlüssel

## Lösung zu S. 30

Die richtigen Zuordnungen sind:
1-E, 2-S, 3-K, 4-I, 5-M, 6-O

Die Lösung lautet: ESKIMO

## Lösung zu S. 34

Die Lösung lautet:
WÖLFE SIND DIE VORFAHREN UNSERER HEUTIGEN HUNDERASSEN

## Lösung zu S. 35/36

Die Lösung lautet: HARPUNE

## Lösung zu S. 39–41

Höhle Altamira:       Leitbuchstaben: AL, TAM, IRA
                      Bild 1 und Bild 3
Höhle Lascaux:        Leitbuchstaben: LA, SCA, UX
                      Bild 4 und Bild 5
Höhle Trois Frères:   Leitbuchstaben: TRO, IS, FRÈ, RES
                      Bild 6 und Bild 2

## Lösung zu S. 42

1. HASE
2. WILDPFERD
3. WOLLNASHORN
4. MAMMUT
5. BISON
6. STEINBOCK
7. HIRSCH
Die Lösung lautet: JAGDZAUBER

## Lösung zu S. 43

„Echt" sind die Hinweise, die zu folgendem Lösungswort führen: KULTSTÄTTE

## Lösung zu S. 55

1. JAGDZAUBER
2. TOTENKULT
3. NEANDERTAL
4. FEUERSAEGE
5. SPEERSCHLEUDER
6. MAMMUT
7. HOEHLENWAENDE
8. FEUERSTEINE
9. NAEHNADEL
10. EISZEIT
11. FEUER
12. FAUSTKEIL
13. KATZENGOLD
Das Lösungswort lautet: JUNGSTEINZEIT

## Lösung zu S. 58

Siehe dazu die rechte Seite. ➜

## Lösung zu S. 61

| Krank-heit | 1 | 2 | 3 | 4 | 5 | 6 | 7 | 8 | 9 | 10 | 11 |
|---|---|---|---|---|---|---|---|---|---|---|---|
| Rezept (Buchst.) | Z | AU | B | E | R | SP | R | U | E | CH | E |

## Lösung zu S. 62

Die Lösung lautet:

ÖTZI LEBTE 500 JAHRE, BEVOR DIE ÄGYPTER DIE ERSTEN PYRAMIDEN BAUTEN, UND WAR BEREITS LÄNGER ALS 3.000 JAHRE TOT, ALS JESUS GEBOREN WURDE.

## Lösung zu S. 63

Ordnet man den Fundstücken die Beschreibungen richtig zu, so ergibt sich, von oben nach unten gelesen, folgende Lösung:

SCHLEHENBEEREN

## Lösung zu S. 65

Die Lösungswörter lauten:

KUPFER und ZINN

## Lösung zu S. 66

Die Textabschnitte sind so zu ordnen, dass die Leitbuchstaben folgende Lösung ergeben:

BLASEBALG

## Lösung zu S. 67

Gold, Hochofen und Sprengmeister sind falsch. Die anderen Wörter müssen in folgender Reihenfolge eingesetzt werden:
Dorf, Kupfererz, Ackerbau, Oberfläche, Erdspalt, Schacht, Kupferader, Feuer, Hitze, Wasser, Sprengwirkung, Schmelzmeister, Holzkohlenmeiler, Stein

## Lösung zu S. 68

Folgende Begriffe sind einzutragen:

TAUSCHWAREN, BRONZE, SCHIFF, MODETRENDS, OCHSEN, BERNSTEIN, HONIG, HÄNDLER, KUPFERERZ, NEUIGKEITEN

Das Lösungswort lautet: ARBEITSTEILUNG

# Lösungsteil

## Lösung zu S. 8

Das Bild zeigt, dass Lucy, im Gegensatz zu den Affen, auf zwei Beinen läuft. (Sie benutzt die Hände nicht mehr zum Laufen, sondern kann sie für wichtigere Dinge einsetzen.)
Die Lösung lautet also: *der aufrechte Gang*

## Lösung zu S. 10

Die Wörter müssen in folgender Reihenfolge in den Text eingesetzt werden:

*Klimaveränderung, Urwälder, Steppenlandschaft, Zweibeiner, Feinde, Hände, Körperteilen, Aufgaben, Wurzeln, Beute, Raubtieren, Laufen, Vierbeiner*

## Lösung zu S. 11

Homo habilis wird als der geschickte Mensch bezeichnet, weil er sich Steinwerkzeuge im Alltag nutzbar machte, die er durch Bearbeitung selbst herstellte. Auch der Bau von Schutzhütten war ihm vertraut. Sein Gehirnvolumen unterscheidet sich schon erheblich vom Gehirnvolumen Lucys.

## Lösung zu S. 12

Der Silbensalat (NUTDESERSDIEZUNGFEN) muss geordnet werden zu:

DIE NUTZUNG DES FEUERS

## Lösung zu S. 21

Die fünf Begriffe heißen: Begräbnisstätte, Bestattung, Rituale, Totenkult, Weiterleben.
So sind sie im Rechteck versteckt:

## Lösung zu S. 22/23

Die 15 Begriffe müssen in der folgenden Reihenfolge in den Text eingesetzt werden:

*Sippe, Jagdgeschichten, Gemütlichkeit, Geschichten, Idee, Feuerstätte, Dunkelheit, Feuersteine, Feuerfunken, Heu, Funkenflug, glimmen, Zauberstein, Horde, Stammesgenossen*

Die Leitbuchstaben haben dann folgende Reihenfolge:

B, O, H, R, E, R, S, Ä, G, E, P, F, L, U, G

Die Abbildungen zeigen:

1. einen FEUERBOHRER
2. eine FEUERSÄGE
3. einen FEUERPFLUG

## Lösung zu S. 25

Folgende Wörter sind in die Texte einzusetzen, Synonyme sind natürlich zulässig:

Text 1: Hütten, Schutz, Wind, Steinen
Text 2: Waffen, Feuers, Höhlen, Tierfelle, Kälte
Text 3: Jäger, Nomaden, Baumstämme, Transport
Text 4: Lagerplatz, Mammuts, Zeltstangen

## Lösung zu S. 28

Ausrufe und verwertbare Teile des Mammuts bringst du wie folgt zusammen:

1. – Ö
2. – L
3. – L
4. – A
5. – M
6. – P
7. – E

Das Lösungswort heißt: ÖLLAMPE

| R |   |   |   |   |   |   |   |   |   |   |   |   |   |   |   |
|---|---|---|---|---|---|---|---|---|---|---|---|---|---|---|---|
|   | I |   |   |   |   |   |   |   |   |   |   |   |   |   |   |
| E | T | T | E | A | T | S | S | I | N | B | E | A | R | G | E | B |
|   |   |   | U |   |   |   |   |   |   |   |   |   |   |   |   |
| B | E | S | T | A | T | T | U | N | G |   |   |   |   |   |   |
|   |   |   | T | L | U | K | N | E | T | O | T |   |   |   |   |
|   |   | N | E | B | E | L | R | E | T | I | E | W |   |   |   |